Nortrud Boge-Erli · Zwischen Himmel und Hölle

Nortrud Boge-Erli

Zwischen Himmel und Hölle

Hase und Igel®

Für Lehrkräfte gibt es zu diesem Buch
ausführliches Begleitmaterial beim Hase und Igel Verlag.

Originalausgabe

www.hase-und-igel.de
Die Schreibweise folgt den Regeln der neuen Rechtschreibung.
Lektorat: Kristina Oerke
Druck: CPI – Ebner & Spiegel, Ulm

ISBN 978-3-86760-106-1
1. Auflage 2009

Inhalt

Prolog 7

1. Gewitterwolken 8
2. Lisa 13
3. *Paradise Garden* 21
4. Zweifel 28
5. Zwei Welten 35
6. Verrat 45
7. Mails aus den USA 52
8. Gottesdienst in der *GFC* 59
9. Hoffnung 66
10. Lisas Geständnis 76
11. Glaubensfragen 82
12. Das Hohelied der Liebe 88
13. Himmel und Hölle 96
14. Die Königin Waschti 101
15. Buße 106
16. Toms Sorge um Lisa 112
17. Advent 117
18. Klarheit 123
19. Freundschaft 132
20. Fluchtversuch 142
21. Kirchenasyl 149
22. Let the bodies hit the floor 158
23. Ernste Gespräche 164
24. Tom und Lisa – Auswege 168

Prolog

So ganz werde ich wohl nie begreifen, wie das alles geschehen konnte. Ich bin da in einen Strudel geraten. Oder habe ich ihn ausgelöst? Ich weiß es nicht.

Ich weiß nur, dass ich mich nie auf diese Sache hätte einlassen sollen.

Ich habe Lisa etwas versprochen, das ich nicht gehalten habe.

Ich habe ihr versprochen, dass ich sie niemals im Stich lasse.

Es tut mir leid, dass alles so gekommen ist. Aber ich weiß nicht, was ich hätte anders machen können. Und erst recht weiß ich nicht, wie es jetzt weitergehen soll.

1. Gewitterwolken

„Da braut sich ganz schön was zusammen", sagte Paul. Er legte den Kopf in den Nacken und deutete mit dem Kinn nach Westen. Dort bezog sich der Himmel bedrohlich mit tintenblauen Wolken. Ich stützte mich auf die Ellbogen und schaute mich um. Der Rastplatz auf dem Hügel über dem Flusstal bot eine traumhafte Aussicht auf die goldfarbenen Kornfelder, die saftgrünen Wiesen und die kleinen Orte mit ihren roten Dächern. Darüber spannte sich noch das schönste Sommerblau, aber drückend schwül war es an diesem Tag.

„Lass uns mal zusammenpacken und 'n Zahn zulegen", sagte ich und stand auf. Der Kastanienbaum, in dessen Schatten wir Mittagspause machten, rauschte plötzlich in einem heftigen Windstoß. Kühl und angenehm fuhr der Wind unter mein T-Shirt, das sich aufblähte.

„Geht schon los!" Ich rollte meinen Schlafsack zusammen und stopfte ihn in den wetterfesten Sack. Ich klemmte die Rolle auf den Gepäckträger zum Zeltsack über den Satteltaschen, steckte die halbleere Wasserflasche ein und schlüpfte in die Turnschuhe.

Paul beeilte sich genauso mit dem Einpacken. Ein letzter Blick auf die Radwanderkarte, die uns mal auf Straßen, mal auf ungeteerten Wegen durchs „liebliche Taubertal" führte, jetzt in der letzten Woche unserer Sommerferien. Ein kurzes Abstimmen, dass wir ab hier besser nicht die sportive Route nehmen, sondern rasch und klassisch das Tagesziel erreichen wollten. Wir schwangen uns auf die Sättel unserer Tourenräder. Der Wind nahm zu. Wolkenballen trieben vor die Sonne.

In langen Kurven sausten wir bergab in den Wald hinein, der sich laut Karte fast bis zum Fluss hinunterzog. Dann würden wir im Tal schnell vorankommen und bis zum Abend den Campingplatz an der Tauber erreichen, den wir auf unserer Karte angekreuzt hatten.

Der Wind kam jetzt in immer heftigeren Böen. Er zerrte die Wipfel der Bäume bis fast zur Straße herunter. Gleichzeitig trieb er diese nachtschwarzen Wolken heran.

Und dann platschten die ersten dicken Regentropfen auf den Asphalt. Paul bog plötzlich in eine der Haltebuchten und ich konnte gerade noch knapp hinter ihm bremsen. Wir fummelten die Regenponchos aus den Satteltaschen, zogen sie über und spähten unter den Kapuzen in den Regen, der uns jetzt in breiten, nassen Schleiern die Sicht nahm und mit Wassermassen die Straße in einen reißenden Bach verwandelte.

„Abwarten, das ist bestimmt nur ein Schauer", versuchte ich uns zu trösten.

Aber da blitzte und krachte es fast gleichzeitig und die Regentropfen verwandelten sich urplötzlich in dicke Hagelkörner. Eisige Geschosse trafen hart unsere bloßen Handrücken. Sekunden später kullerten sie haufenweise als vogeleigroße Eisstücke die Fahrbahn entlang, wurden weggespült oder häuften sich im Gras.

Wir zerrten die Räder über die Böschung tiefer in den Wald hinein. Dunkel war es hier und es duftete nach nassem Moos, Kraut und Pilzen. Grell zuckte ein Blitz durch die Bäume und es donnerte fast gleichzeitig. Mir wurde es jetzt doch ganz schön unheimlich, weil ich kurz vor Beginn unserer Tour in *Quarks und Co* eine Sendung über die Gewalt von Blitzen gesehen hatte. Immerhin hielten Blätter und Tannennadeln die Eisbrocken von uns ab und einen Forstweg gab es auch, der parallel zur Straße zu verlaufen schien. Wir stiegen auf, schalteten die Lichter ein und lenkten vorsichtig in den breiten Fahrspuren bergab.

Der Weg war längst nicht so steil wie die Fahrstraße. Er schwang in weiten, flachen Bogen weit ins Gehölz, tauchte in Lichtungen, auf denen abgeholzt worden war oder die Winterstürme ihre Verwüstungen hinterlassen hatten. Hier prasselte der Regen ungehemmt auf unseren dünnen Plastikschutz und wir waren froh, wieder unter die Bäume zu kommen. Allerdings war ich bald nicht mehr sicher, dass dieser Weg irgendwann auf die Fahrstraße zurückführen würde. Es sah mir eher so aus, als hätten wir doch wieder die anstrengende Berg- und Talstrecke über die Hügel erwischt. Dieses romantische Tal war jetzt alles andere als lieblich. Was uns bei gutem Wetter gefiel, nervte tierisch, weil wir nicht vorankamen.

Paul war bestimmt genauso angespannt. Stumm und vermummt wie der Nikolaus persönlich schlingerte er vor mir durchs nasse Gesträuch. Es sah aus, als wäre Weihnachten im Sommer, denn auf den Lichtungen lagen haufenweise Hagelkörner wie Schneewehen im Gras. Es war alles so absurd, dass ich lachen musste.

Längst rann uns das Wasser über die Gesichter, lief die Waden entlang in die Turnschuhe. Unter den Ponchos klebten die feuchten Klamotten eklig auf der Haut. Unsere Radtour, die in Würzburg so sonnig begonnen hatte, artete in ein Überlebenstraining aus. Wenigstens hagelte es nicht mehr und der Donner polterte schon weiter weg.

Da ließ Paul plötzlich einen wilden Siegesschrei los, als habe er soeben die Weltformel entdeckt, das Ei des Kolumbus oder zumindest den Schatz der Nibelungen oder Kelten gefunden. „Hey, Tom, ich weiß, wo wir sind! Siehst du die Wanderzeichen?“

Er hielt an. Und ich konnte gerade noch scharf neben ihm bremsen. Ich schob mir die Kapuze aus der Stirn. Meine Haare trieften, denn das Ding rutschte immer wieder so tief, dass ich es nach hinten schieben musste, wo es sich sofort mit Wasser füllte. Sobald ich die Kapuze wieder aufsetzte, goss sie ihren Inhalt über meinen Kopf. Grässlich.

Ich sah die Wegzeichen, konnte mich aber leider nicht so begeistern wie Paul. Okay, der bezeichnete Radwanderweg war auf jeden Fall besser als dieser Holzweg, auf den wir zuerst geraten waren.

„Ganz in der Nähe liegt das *PG*, das *Paradise Garden*“, tönte Paul.

„Hat’s dir den Rest an grauen Zellen aus dem Hirn gehagelt?“ Ich schüttelte mich und lachte hysterisch. „*Paradise Garden*!! Junge, Junge!“

„Das heißt wirklich so.“ Paul lachte auch, wirkte dadurch aber nicht glaubwürdiger.

„Es ist ein … ist ein …“ Er krümmte sich über den Lenker und japste. Der war genauso mit den Nerven fertig wie ich. „Ein Frei…“

„Freilichtkino?“ Wir brüllten beide vor Lachen.

„Freizeitheim“, würgte Paul schließlich heraus. Mühsam fasste er sich und erklärte, dass er als kleiner Junge mit seiner Mutter in diesem Paradieshaus heimlich irgendwelche frommen Sommerferien verbracht hatte, worüber sein Vater so stocksauer gewesen war, dass er beinahe die Scheidung eingereicht hatte. „Aber jetzt nützt es uns vielleicht. Zelten ist nicht, Jugendherberge gibt's hier auch keine und es wird eh bald finster. Oder hast du eine bessere Idee?"

Ich hatte keine.

Wie auf Bestellung öffnete sich prompt der nassgraue Himmel und schüttete seinen nächsten Schauer über uns aus. Paradies hin oder her, ein Dach überm Kopf, das war es, was wir brauchten – und zwar bald.

2. Lisa

„Die Nachtwanderung können wir vergessen." Lisa Wagner wischte sich den Schmutz von den Schuhsohlen und stellte den tropfnassen Regenschirm in den blauen Plastikeimer neben der Glastür. Sie streifte ihre Jeansjacke ab und überlegte kurz, ob sie das Zopfgummi aus der nach hinten gekämmten Lockenmähne nehmen sollte. Aber dann hätte sie in ihr Zimmer gehen und das Haar kurz durchbürsten müssen. Dazu war jetzt keine Zeit.

Im Aufenthaltsraum sangen die Kinder: „Weißt du, wie viel Kindlein frü-hü-e stehn aus i-hi-ren Bettlein auf? … Gott im Hi-himmel hat an a-hal-len seine Lu-hust, sein Wohl-ge-fa-hal-len, kennt auch dich und hat dich lie-hieb …"

Jojo zupfte dazu eine Begleitung auf der Gitarre und Maria, die an die Tür kam, um zu hören, was Lisa über die Wetterlage berichten konnte, klatschte den Kindern im Gehen den Rhythmus vor.

„Machen wir halt einen Spieleabend und dann Vorlesen", sagte Maria, hörte auf zu klatschen und schaute auf ihre Armbanduhr. „Ist eh gleich Zeit fürs Abendessen. Sing du mal weiter mit, ich schau nach, wie's in der Küche aussieht."

Lisa setzte sich auf Marias leeren Stuhl. Sie hörte, wie Philip neben ihr mit Sam tuschelte: „Immer diese Pipi-Kinderlieder."

„Blöd!" Sam kicherte und verdrehte die Augen.

Lisa warf ihnen einen strengen Blick zu, dachte aber, dass es tatsächlich für Achtjährige nicht mehr so prickelnd sein konnte, sich meistens nach den Fünf- bis

Sechsjährigen zu richten. Trotzdem, sie waren hier eine gemischte Gruppe und die Bibel sagte doch, die Glieder einer Gemeinde hätten sich der Schwächsten anzunehmen. Philip und Sam mussten das eben lernen. Sie würde die Sache später im Teamgespräch thematisieren. Da waren ja auch noch Nele und Veronika, die sich oft danebenbenahmen. Es wurde Zeit für ein paar ernste Worte mit den kleinen Querschlägern.

In diesem Augenblick kreischte Veronika: „Da! Da kommen zwei Verbrecher, echte Räuuuber!" Sie zeigte auf das große Fenster, das zum Hof hinausging.

„Uiii! Räuber! Die wollen uns was tun!" Neles spitzer Schrei mischte sich mit dem Quietschen der jüngeren Kinder. Endlich passierte etwas! Aufgeregt und wonnig zugleich tönte es von allen Seiten, und schon hüpften sämtliche Kinder von den Stühlen und stürzten ans Fenster.

Im Dämmerlicht dieses nassen Sommerabends sah Lisa zwei Kapuzenmänner, die ihre Fahrräder auf das Haus zuschoben. Wie Verbrecher wirkten sie nicht. Eher wie zwei nasse, verirrte Radwanderer. Aber man konnte nie wissen ...

Jojo hatte die Gitarre gegen das E-Piano gelehnt und stand jetzt so dicht hinter Lisa, dass sie seinen warmen Atem im Nacken spürte. „Ich sag mal Dave Bescheid", sagte er. „Und ihr setzt euch bitte wieder hin. Ihr braucht keine Angst zu haben. Wir lassen schon keine Räuber rein!" Er lachte nett. „Kümmerst du dich um die neugierige Meute, Lisa?"

Das braucht er mir nicht zu sagen, dachte sie und versuchte die Kinder vom Fenster wegzulocken. Es gelang ihr nicht. Erst als Maria dazukam, in die Hände klatschte und alle in den Waschraum scheuchte, damit sie sich vor dem Abendessen die „Schmuddelpfötchen" wuschen, verließen sie zögernd und maulend den Aufenthaltsraum.

Lisa und Maria halfen den Kleinsten. Dabei hörte Lisa wieder die Geschwister Philip und Nele Busch mit Sam und Veronika tuscheln und kichern. Diese vier Ältesten wurden allmählich problematisch für die Gruppe. Klar, die Buschs gehörten nicht zur Gemeinde. Ihre ungläubigen, getrennt lebenden Eltern waren Nachbarn von Veronikas Eltern gewesen, die zum eifrigsten inneren Kreis gehörten. Eigentlich sollten diese armen Busch-Kinder die Chance bekommen, während der Freizeit Jesus und seine Liebe kennenzulernen, aber es schien Lisa eher, als hätte sich der Teufel ihrer bemächtigt, um die anderen vom richtigen Pfad abzubringen. Das durften sie nicht zulassen. Da musste das gesamte Team entschlossen gegensteuern.

„Mein Schmetterling ist rausgefallen!" Die fünfjährige Becci drehte sich zu Lisa um und hielt ihr die Spange mit dem pinkfarbenen Schmetterling unter die Nase.

Mit einer der Bürsten strich Lisa der Kleinen das dünne blonde Haar glatt und befestigte die Spange. „Gut so?" Sie hob Becci unter den Armen hoch, damit sie in den Spiegel schauen konnte.

Als Lisa dabei ihr eigenes Spiegelbild über dem Waschbecken erblickte, ließ sie Becci sanft zu Boden gleiten und zupfte sich rasch das Zopfgummi aus ihrem Haar. Rotgolden fielen ihr die Locken über Rücken und Schultern. Lisa schüttelte sie und strich sich ein paarmal mit den Fingern durchs Haar. Sie zog ihr knappes T-Shirt über den runden Brüsten glatt und den Gürtel ihrer Jeans ein wenig enger. Die Tage hier waren so anstrengend, dass Lisa mühelos ein paar Pfunde verlor. Sie wusch sich selbst die Hände, während Maria die Kinder schon freundlich lachend in den Speisesaal trieb: „Na los, los, ihr kleinen Schafe!“

„Böööö!“ – „Määää!“, machten die Buschs und gleich blökte die ganze Kinderhorde. Im Saal schrappten Stühle über den Boden, lärmten alle durcheinander, bis Dave mit seiner vollen, dunklen Stimme für Ruhe sorgte. Lisa trocknete sich die Hände und verließ als Letzte den Waschraum.

Die Kinder standen nun mit gesenkten Köpfen und gefalteten Händen hinter ihren Stühlen. An der Stirnwand des Saales leuchtete das weiße Kreuz auf blauem Grund. Und unter dem Kreuz stand ER. Sein schmales Gesicht war von hellbraunen, feuchten und schulterlangen Locken umrahmt. Leichter Bartflaum unter der Nase und ums Kinn. Der offene Blick seiner glänzenden, unergründlich dunklen Augen traf sie wie ein Schwertstich.

Jesus!, dachte Lisa, Jesus, dass du uns besuchst! Dass du mich ansiehst, Jesus!

Lisa konnte ihren Blick nicht losreißen. Und eine heiße Welle strömte aus seinem Blick, erfasste Lisa, riss sie weg.

„Komm, Herr Jesus, sei unser Gast …“, begann Dave mit gefalteten Händen.

„… und segne, was du uns bescheret hast“, tönten alle im Chor.

Lisa hatte die Augen geschlossen und betete mit pochendem Herzen. Das Scharren der vielen Stühle riss sie hoch. Sie öffnete die Augen und ihr Blick traf noch einmal die wundertiefen Jesusaugen.

„Hallo, hallo, Kinder, alle mal herhören, bevor wir mit dem Essen beginnen!“, rief Dave gegen das beginnende Tellerklappern und die vielen hellen Kinderstimmen an. „Wir haben Gäste bekommen. Schaut sie euch gut an. Der mit den kurzen blonden Haaren ist Paul und der neben ihm heißt Tom. Sie machen eine Fahrradtour und sind in das Unwetter geraten. Sie werden so lange bei uns bleiben, bis Regen und Sturm nachgelassen haben. Wir begrüßen unsere Gäste mit einem lauten Willkommen!“

Fünfzehn Kinderstimmen brüllten: „Willkommen!“

Tom also, dachte Lisa. Natürlich nicht Jesus, sondern Thomas, der Ungläubige, der erst glaubte, als er sah und spürte. *Der auferstandene Jesus bittet Thomas, ihn zu berühren.* Ein Schauer überlief sie. Einen kurzen Augenblick stellte sie sich vor, Tom würde sie berühren, ihre Hände, ihre Hüften.

Ihr Herz pochte so heftig, dass sie fürchtete, die anderen könnten es hören. Aber wie konnte sie nur so etwas denken? Alle Berührungen gehörten Luca, denn ihm hatte sie sich versprochen. Freiwillig und vor der ganzen Gemeinde. Sie waren gesegnet worden. Ihre Liebe war gesegnet, damit sie einander die Treue halten würden, bis Luca aus Kalifornien zurückkäme.

Lisa konzentrierte sich auf die Erinnerung an jenen letzten Sonntagsgottesdienst, an dem die Gemeinde Luca verabschiedet hatte. Luca, der während der Gottesdienste die vielen Lieder mit dem Schlagzeug begleitete, während Jojo Gitarre spielte und Dave Keyboard. *Love, Love, Jesus Love* und *Vater, unser Vater* hatten sich Lisa und Luca als Abschiedslieder gewünscht, und in die nachfolgende Stille hinein hatte zuerst Luca laut für Lisa gebetet und Gott versprochen, dass er ihr treu bleiben und sie lieben würde, auch wenn er nun für ein Jahr seine Ausbildung zum Prediger in Kalifornien weiterführen würde. Und Lisa hatte tief durchgeatmet und sich wundervoll leicht und glücklich gefühlt, und es war aus ihr herausgebrochen, ehe sie überlegen konnte, was sie sagen wollte. Die Stille zwischen den freien Gebeten trug so wunderbar und trieb Gebetsworte in einem hoch, die man allein niemals gefunden hätte: „Gott, ich danke dir, dass du mir Luca Becker an die Seite gestellt hast. Segne unsere Liebe. Ich weiß, dass ich noch zu jung bin, um seine Frau zu werden. Aber auch ich will mich rein erhalten für Luca, bis wir einander ganz angehören können. Das verspreche ich."

Die Stille nach ihren Gebeten war sehr groß und aufgeladen mit einer Kraft, die Lisa so noch nie gespürt hatte. Dann betete Maria mit ihrer glasklaren Stimme. Sie bat Gott um Schutz und Segen für diese beiden Liebenden, die sich nun trennen mussten. Und Maria war nicht die Letzte, die laut für ihre Freunde betete. Bitten und gute Wünsche tauchten wie Sterne aus der andächtigen Spannung, die am Ende der Gottesdienste die gläubigen Menschen erfasste.

Aber danach musste irgendetwas geschehen sein, an das Lisa sich nicht genau erinnern konnte. Oder wollte sie sich einfach nicht erinnern? Luca hatte ihr sehr wehgetan und sie hätte es nicht zulassen sollen. Aber sie hatte sich Luca versprochen. Und darum durfte er tun, was er mit ihr tat, obwohl sie es nicht wollte. Sie sah die dichten, hellgrünen Blätterkronen der Buchen über sich, und die Blätter drehten sich vor dem stahlharten Blau des Himmels, wenn sie daran dachte, und sie hörte, wie Luca stöhnte, als täte ihm weh, was ihr wehtat, und dann hörte sie, wie er noch einmal für sie beide betete. Seither war ihr Gefühl für Luca erloschen. Sosehr sie es auch beschwor, sie spürte es nicht mehr.

„Hey, Lisa, dein Tee wird kalt!" Jojo stupste sie freundschaftlich in die Seite. „Und die Platten mit Schinken und Rührei sind schon fast leer. Hau rein, Lisa. Der Abend wird lang, die Kleinen sind quirlig und kein bisschen müde!"

Lisa schüttelte die Erinnerungen ab. Vorsichtig spähte sie über den Tisch, ohne ihre Blicke bis an sein oberes Ende schweifen zu lassen, dorthin, wo Tom und Paul saßen.

Am anderen Morgen schien die Sonne. Vom Fenster des Schlafraums aus sah Lisa das kleine rote Zelt unter den Kastanienbäumen beim Grillplatz. Die Jungs hatten es spätabends doch noch aufgebaut, als der Regen nachließ. Im Haus hätten sie höchstens in einem der Gemeinschaftsräume übernachten können. Unter den Bäumen blieb der Boden beinahe trocken und das Grillhäuschen eignete sich gut als Unterstand für die beiden Tourenräder.

Sicher werden sie bald weiterfahren, dachte Lisa und spürte einen schmerzlichen Druck unter den Rippen. Sie schöpfte tief Luft und atmete sie in einem kleinen Seufzer wieder aus. Durch ihre Bauchdecke zog sich der bekannte Schmerz. Sie würde bald ihre Tage bekommen.

„Was ist, Lisa? Stimmt was nicht?“ Maria, mit der sie das Zimmer teilte, schlug ihre Bettdecke beiseite. Barfuß, im geringelten Schlafanzug tappte sie zum Fenster, schaute Lisa über die Schulter und seufzte auch. „Zwei nette Typen“, sagte sie und legte die Arme von hinten um Lisas Schultern. „Aber Paul ist katholisch und der andere …“

„Tom“, sagte Lisa und spürte, dass sie rot wurde.

„Okay, Tom ist vermutlich ein Heidenkind vor dem Herrn. Die Mutter von Paul hat mal zur Gemeinde gehört. Meine Eltern kennen die Familie. Pauls Vater hat so lange herumgenörgelt, bis seine Frau ausgetreten ist und katholisch wurde, weil er sonst seinen Posten beim Bistum Essen nicht bekommen hätte.“

„Ist das sehr schlimm?“ Lisa war froh, dass Maria sich nicht weiter über Tom ausließ.

„Oh, schon“, behauptete Maria. „Strenge Katholiken halten uns für Irrgläubige, weil wir mit dem Papst nix am Hut haben.“ Sie lachte trocken. „Weil wir frei sind und uns nur nach dem Evangelium richten.“

Im Flur tönten Kinderstimmen, trappelten Füße, riefen Jojo und Dave die wilde Meute der kleinen Jungs zur Ordnung und in die Waschräume zum Duschen. Lisa und Maria beeilten sich, die verschlafenen Mädchen zu wecken und für das Frühstück fertig zu machen.

3. *Paradise Garden*

In meinem Traum zankten sich fünf rabenschwarze Krähen kreischend um einen toten Hasen. Ich wachte auf, doch die hellen, lauten Stimmen tönten immer noch rund um unser Zelt. Richtig, die heiligen Kinder vom *Paradise Garden*, dachte ich verschlafen. Friedlich waren sie anscheinend nicht.

„Ich mach auf!" – „Nein, ich weck sie!" – „Wir sollen sie in Ruhe lassen, hat Maria gesagt!" – „Lass die Finger vom Reißverschluss, Sam!"

Durch den roten Stoff leuchtete so etwas wie Sonne. Neben mir ratzte Paul, die Mumie, den Kopf tief im Schlafsack vergraben. Einen gesegneten Schlaf hatte der! Ich dagegen spürte jeden Knochen. Der Boden unter unserem Zelt war total uneben, Baumwurzeln und Steine drückten durch die Isomatte. Aber gestern Abend waren Paul und ich froh gewesen, dass wir einen so geschützten und einigermaßen trockenen Platz unter dem Vordach der Grillhütte gefunden hatten. Dennoch war alles, was wir mithatten, klamm, auch mein Schlafsack. Mein Jogginganzug roch verschwitzt. Ich dehnte meine geschundenen Glieder, während draußen jemand in die Hände klatschte und im Lehrerinnenton die Kinder zur Ordnung rief.

Gleich darauf sagte eine melodische Stimme dicht neben mir hinter der Zeltwand: „Seid doch bitte leise, die Jungs schlafen noch!"

Das war sie! Das schöne Mädchen mit den rotgoldenen Locken. Das Madonnengesicht! Schon gestern, als ich sie am unteren Tischende hatte stehen sehen, die Hände gefaltet, hatte sie mich an die holzgeschnitzte Riemenschneider-Madonna erinnert, die Paul und ich vorgestern besichtigt hatten.

Verrückte Idee! Aber seit wir über die Hügel und durch die Wälder dieses lieblichen Taubertals radelten, kam mir manches seltsam vor. Irgendwie aus der Wirklichkeit gerückt. Paul und ich in Creglingen in der kleinen Kapelle am Ortsrand ... Kunstbeflissen hatten wir den berühmten Altar besichtigt, der so unglaublich perfekt gearbeitet ist und der die Jahrhunderte heil überstanden hat, weil er viele Jahre verschlossen in einer Abstellkammer verborgen gewesen war. Wir hatten lange davorgesessen, uns in der Geometrie der Ornamente verloren, versucht ohne Blitzlicht Fotos zu machen, die natürlich niemals den Zauber dieses Kunstwerks wiedergeben würden.

Wir hatten dann draußen in der Sonne gesessen, verwitterte Grabsteine abgelichtet, Äpfel gegessen, uns das Fingerhutmuseum angeschaut, das nur hundert Meter entfernt in einem alten Bauernhaus untergebracht ist. Fingerhüte aus den unglaublichsten Materialien! Und gestern diese Pleite mit dem Wetter! Wenn wir nicht so getrödelt hätten ...

Aber wir hatten getrödelt und jetzt waren wir hier im Paradies gelandet und mir taten die Knochen weh. Das feuchte Zeug klebte auf meiner Haut. Eine heiße Dusche und saubere, trockene Klamotten, das wär's!

Die Kinderstimmen entfernten sich. Noch im Mumienschlafsack robbte ich ein Stück weit vor, zog den Reißverschluss vom Zelteingang auf und spähte hinaus. Die Wiese vor dem Haus funkelte frischgrün. Alle Blätter glitzerten blank gewaschen in der Sonne. Die Sonne schien tatsächlich wieder!

Und hinter den Kindern her schlenderte SIE. Sie trug knallenge Jeans und ein türkisfarbenes Top. Ihre langen Locken wippten vergnügt bei jedem Schritt. Schau mich noch mal so an wie gestern Abend, dachte ich. Hey! Die drehte sich wirklich noch einmal um, als hätte sie meine Gedanken gehört. Ich winkte. Grinste, so gut ich mit meinem sackigen, verschlafenen Gesicht grinsen konnte. Lächelte sie? Bildete ich's mir nur ein? Dieses Mädchen hatte was. Anrührend, hätte meine Mutter gesagt. Blöder Ausdruck, warum fiel mir der jetzt ein? Sexy war dieses Mädel auf jeden Fall. Hatte sie mich gesehen? Sie zögerte kurz in der Tür, ehe sie im Haus verschwand.

Duftete es von irgendwoher nach Kaffee? Ich hatte plötzlich einen brüllenden Hunger. Aber unsere Vorräte waren bis auf regenfeuchtes Knäckebrot und ein paar matschige Tomaten aufgebraucht. Im Haus gab es bestimmt frische Brötchen, Butter, Müsli, Kakao, Tee, Honig, Marmelade ... Mein Magen knurrte ärgerlich. Es half nichts, ich musste Paul wecken, denn ohne ihn traute ich mich nicht in dieses seltsame christliche Paradies.

Durch offene Fenster tönte Gesang über die Wiese. Zweistimmig. Die zweite Stimme in sentimentalen Terzen gesungen von einem kräftigen Bariton. Gitarren-Schrummschrumm als Begleitung. Gänsehaut! Von frömmelndem, unechtem Getue bekam ich eine Gänsehaut. Kitschige Lieder hatte ich schon in der Grundschulzeit gruselig gefunden.

Inzwischen drückte meine Blase. Ins Haus oder hinter den nächsten Baum? Ich wählte den Baum. Danach machte ich ein paar Tai-Chi-Übungen auf dem Rasen und lüftete den Schlafmief aus meinem Jogginganzug. Es ging mir schon etwas besser. Trotzdem, duschen wäre nicht übel. Frische Sachen wären prima. Leider hatten wir keine sauberen Klamotten mehr. Unser Ziel gestern war genau deswegen ein komfortabler Campingplatz bei Wertheim gewesen: Waschhäuser, Wäscheleinen, Supermarkt zum Auftanken der Reserven. Na gut, dann eben keine frischen Sachen. Ich atmete noch ein paarmal tief durch und lüftete noch einmal meinen muffeligen Jogginganzug mit Arm- und Beinschwüngen.

Als ich ins Zelt zurückkroch, war Paul endlich wach. Er musste mal, er hatte Hunger, er fand, wir sollten unser Zeug im Haus waschen und die klammen Schlafsäcke über die Holzbänke vor der Grillhütte in die Sonne hängen.

So landeten wir in der Küche des Paradieses bei Ludmilla und Albert, die das Haus verwalteten und uns super versorgten. Erst mal gab es Frühstück mit knackigen Brötchen, halbweichem Ei, sahnigem Joghurt und richtig heißem Kaffee.

Während wir aßen, fragte uns Albert über die Radtour aus. Paul erzählte, dass sein Vater dienstlich in der Gegend unterwegs war und uns nach Würzburg gebracht hatte, dass wir von dort aus ein Stück den Main entlang und dann nach Rothenburg geradelt waren, dann weiter die Tauber entlang mit Stopp in Creglingen und dass wir zum Wochenende in Wertheim wieder abgeholt würden.

Ludmilla zeigte uns den großen Wirtschaftsraum im Keller mit den Maschinen und spendierte Waschpulver, damit unsere feuchten, verschwitzten Radlerklamotten wieder sauber wurden. Inzwischen trockneten auch die klammen Schlafsäcke in der Sonne. Die Kinder wimmelten um unser Zelt herum und zerrten uns begeistert in den Spielkreis, den Maria, Jojo und Lisa anführten. Endlich erfuhr ich also, wie sie hieß: Lisa. Lisa Wagner. Paul kannte ihre Familie noch ein bisschen von früher, hatte aber keine Erinnerung an Lisa selbst.

Nach dem Mittagessen – unsere Wäsche flatterte im warmen Sommerwind auf dem Trockenplatz hinterm Haus – waren mein weißes Lieblings-T-Shirt und meine schwarzen Radlershorts schon trocken. Ich hatte geduscht, die Haare gewaschen, war satt und zufrieden. Ich saß mit Paul und Lisa auf der Bank vor dem Grillhäuschen. Wir hielten die Nasen in die Sonne und atmeten die harzige Waldluft ein. Maria war nicht dabei. Sie überwachte den Mittagsschlaf der Kinder und Jojo hörten wir neue Begleitungen auf der Gitarre üben.

„Ich hau mich noch mal aufs Ohr“, gähnte Paul schon zum dritten Mal.

„Dann mach's doch, Junge“, sagte ich genervt.

Und endlich, als er ins Zelt kroch, waren Lisa und ich allein, saßen dicht zusammen unter den duftenden Lärchenbäumen am Waldrand. Die Spannung zwischen uns war zum Greifen. Ich traute mich plötzlich nicht einmal mehr, Lisa anzuschauen. Dabei hatte ich genau auf diese Chance gewartet. Wir saßen da wie versteinert und schwiegen.

„Sollen wir eine Runde laufen?“ Ich hörte es ja selbst, meine Stimme klang rau, als hätte ich mit Reißnägeln gegurgelt.

Aber Lisa schaute mich sternfunkelnd an, lächelte und stand auf. Sie zupfte das hautenge Top über den Streifen brauner Haut und ließ es gleich wieder über den Bund ihrer Jeans hochrutschen. Dabei schaute sie mich so von schräg unten an und lachte, dass es mir durch und durch ging. Bei jedem anderen Mädel hätte ich es einfach nur geil gefunden, wie sie sich bewegte, bei Lisa war es anders. Lisa war irgendwie ... sie war ... für mich von Anfang an besonders, ich konnte nichts dagegen machen – und ihr ging es mit mir genauso. Hat sie jedenfalls später gesagt.

An diesem Nachmittag sind wir einfach nur durch den Wald gelaufen und haben uns an den Händen gehalten und uns immer wieder angeschaut und gelacht und Lisa hat irgendetwas vor sich hin gesungen, etwas Albernes mit Liebe und dass sie ohne mich verloren wäre und dass sie nur durch mich wäre, was sie ist. So jedenfalls hab ich die Textfetzen verstanden. Lisas Stimme klang sehr weich und sanft und irgendwann konnte ich es nicht mehr aushalten. Ihre feinen, warmen Finger in meiner Hand, die Sonnenbündel zwischen den Bäumen, Lisas Haar, das vor Wärme knisterte und so total gut roch, der ganze Wald roch total gut nach Moos und Blüten und nach Lisa. Ich konnte kaum mehr atmen, es tat weh, wenn ich Luft holte.

Und da bin ich stehen geblieben und hab sie zu mir gezogen und ich hab meinen Mund auf Lisas Mund gedrückt und sie hat ihre Lippen geöffnet und wir haben uns geküsst. Lange und immer verrückter, bis wir beide brannten wie zwei Strohfeuer und irgendwann wirklich keine Luft mehr bekamen und einander losließen, erschrocken und aufgelöst. Wie schauten uns atemlos an, gingen wie in Trance ein paar Schritte, fielen einander gleich wieder um den Hals und küssten uns, als wären wir verzweifelt. Es hatte uns erwischt. Es hatte uns total erwischt.

4. Zweifel

Das Gesicht im Spiegel schaute ihr fremd entgegen. Dieses Mädchen kannte sie nicht. Aufgerissen die tintenblauen Augen, der Mund tiefrot und aufgesprungen wie eine Hibiskusblüte aus der Knospe. So rot hatte sie ihre Lippen manchmal abends geschminkt, wenn sie sich mit den anderen in der Jugendlounge traf. Jetzt aber waren sie nicht geschminkt. Diese Lippen hatten sich verändert, weil ER, ihr Apostel Thomas, nein, nur ihr wirklicher Tom mit dem Jesusgesicht, sie geküsst hatte.

Ohne dich wäre ich verloren. Ohne dich gäbe es mich nicht. Ohne dich wär' ich nie geboren. Ohne dich käm' ich nie zum Licht … So sangen sie im Gottesdienst und Lisa war fast immer die Vorsängerin. Und das Du war Jesus, Gottes Sohn. Jetzt drängte sich ein fremdes Du in den heiligen Text. Nein, kein fremdes Du. Ein so sehr liebes Gesicht, Hände, schmal, leicht, kräftig, Fingerkuppen, deren leise Berührung auf Lisas Haut brannte.

„Du spinnst, Lisa!", sagte sie in das Spiegelgesicht hinein und das Gesicht lachte. Der Mund lachte mit hellen Zähnen. Mit gleichmäßigen, schönen Zähnen und in den Augen dieser fremden Lisa glitzerten kleine Sterne.

„Kommst du endlich? Du bist schön genug! Wir brauchen dich jetzt echt!" Maria holte Lisa in die Wirklichkeit zurück.

Das Gesicht lief rot an und verwandelte sich in die alte Lisa, die sich selbst wiedererkannte. Die sich beherrschen konnte. Die freundliche, nette Lisa Wagner, die hier in der Gemeindefreizeit den Kindern eine gute Betreuerin sein wollte, teamfähig und überall einsetzbar. Nichts sonst. Was denn sonst? Wenn da noch etwas anderes gewesen wäre, hätte sie es wegschieben müssen, verdrängen.

Bastelmaterial für die Bibelstunde der Kinder bereitstellen: Buntpapier, Kleber, kleine Scheren mit bunten Griffen und abgerundeten Schneideblättern. Zwei grüne Linkshänderscheren für Pia und Nathanael. Die Taschenlampen für die Nachtwanderung vorbereiten, falls das Wetter so bliebe, den Filmabend vorbereiten, falls die Wolken, die sich im Westen sammelten, doch wieder einen ihrer Schauer loslassen würden. Beten, dass es regnen würde, damit Tom noch bei ihr bliebe. Beten, dass sie weiterfahren würden, Tom und Paul, die nicht hierhergehörten, die sich verirrt hatten, die Gott geschickt hatte, damit Lisa sich verirren konnte, verlieren in einem wunderbaren Gefühl. Ganz leise pochte der Verdacht, dass Tom lediglich eine Prüfung sein könnte. *Und führe uns nicht in Versuchung …*

Himmlischer Vater, wenn du willst, dass ich Tom vergesse, betete Lisa in Gedanken, während sie die Kakaotassen für den Nachmittagsimbiss auf den Tischen verteilte, dann lass die Sonne scheinen, damit sie bald wieder wegfahren, die beiden Radler. Wenn ich ihn vergessen soll, dann lass bitte den Wind alle Wolken wegwehen, damit die Jungs ihre Sachen packen und fahren. Wenn nicht, lass es regnen, damit sie bleiben …

Es war jetzt Viertel vor zwei. Um zwei, wenn die Kleinsten vom Mittagsschlaf aufgewacht waren, gab es Kakao und Kekse. Lisa prüfte, ob alle Gedecke vollzählig waren. Ob jedes Kind seine Serviette neben dem Platzdeckchen mit Namenszug hatte. Dann verließ sie den Speisesaal. Warm war es draußen und es duftete nach Sonne und Wald, wie es vor einer Stunde geduftet hatte, als sie mit Tom …

Die Fahrräder funkelten in der Sonne. Tom und Paul hatten gepackt. Auch das Zelt hatten sie abgebaut, es hing wie schlaffe Fallschirmseide über dem Zaun, damit die Unterseite des grauen Bodens vollends trocknete. Eingepackt wäre es in Minuten. Und notfalls würden Tom und Paul es ebenso schnell wieder aufstellen, falls es regnete und sie blieben.

Auf der Wiese hinterm Haus kickten Tom und Paul mit den größeren Mädels und Jungs, Philip und Nele Busch waren dabei, Nathanael Stamm, Sam Heuer, Veronika Klum und Johannes Spät – die schwierige Gruppe. Tom lachte und Paul rief Anweisungen wie der Trainer einer Fußballmannschaft. Sie würden gut ins Team passen, dachte Lisa. Sport stand ganz oben auf der Programmliste des Jugendtreffs. Nur Musik war noch wichtiger. Die Lobpreisgruppe, zu der Lisa gehörte, in der sie Leadsängerin war. Ob Tom musikalisch war? Vielleicht konnte er Schlagzeug spielen. Seit Luca in Kalifornien lebte, fehlte ein guter Schlagzeuger.

Wieder durchzog ein Kribbeln ihre Bauchdecke, stieg plötzlich in ihr auf und presste ihre Lungen zusammen. Luca Becker! Ihr Versprochener stand sekundenlang als gespenstischer Schatten vor ihr. Sie atmete tief. Atmete das Gespenst weg.

Tom und Paul waren doch nur zwei nette Typen, zufällig hereingeschneit oder vielmehr hereingeregnet. Nein, dachte Lisa, du, Herr, hast sie hergeführt. Nun sag mir, was diese beiden für unsere Gemeinschaft bedeuten sollen. Und was Tom für mich sein darf und was nicht.

Der Wind ballte die Wolken zu weißen Haufen. Er fegte den Himmel blank. Er ließ die Buchenblätter am Waldrand silbergrün flimmern. Das Urteil Gottes stand in den blauen Himmel geschrieben. Wenn das Wetter schön blieb, würden die Jungs gleich nach dem 14-Uhr-Tee fahren. Weit hätten sie es nicht bis an die Tauber, wenn sie die normale Fahrstraße nähmen. Und schon übermorgen würden sie von Pauls Vater in Wertheim abgeholt. Seltsam war es schon, dass die beiden ausgerechnet aus Essen kamen, also nahe genug wohnten, um im Gemeindezentrum an einem Gottesdienst teilzunehmen.

Lisa und Maria übten Ballfangen im Kreis mit den Kleinen, die schon wach waren. Aus den Augenwinkeln beobachtete Lisa die Jungs. Maria warf ihr nicht nur den roten Ball mit den Sprenkeln zu, sie warf auch Blicke. Pfeilklein und spitz. Maria sah fast alles. Aber das, dachte Lisa, das im Wald hat sie nicht mitgekriegt. Es ist vielleicht auch gar nicht wirklich geschehen. Es kommt mir ja selber unwirklich vor, dass Tom mich im Arm hatte. Schaut er überhaupt her? Sieht er mich? Tom dribbelte, lachte, kämpfte gegen Pauls Mannschaft.

„Jetzt pass doch auf, Lisa! Fangen! Nicht träumen!“, rief Maria ärgerlich.

Wind kam auf, schon wieder dieser Wind, der die Wolken vor sich herschob wie dicke graue Vorhänge aus Wasser. Gott änderte seine Meinung. Wenn es regnete, hätten die Kinder Pech, die Nachtwanderung fiele aus. Aber Tom und Paul müssten bleiben. Und später, wenn der Regen nachließe, würde Lisa sich wieder in das fremde Mädchen verwandeln und Tom in der Grillhütte treffen. Würde sie das wirklich tun oder nur in ihrer Fantasie?

Beim Tee sagte Maria: „Wir müssen heute Abend unbedingt ein Gebet für unsere vier Aufmüpfigen sprechen."

Lisa erschrak und bekam Gänsehaut auf den Armen. Da war er wieder, der kleine Schatten auf ihrer blanken Stimmung. Aufmüpfig! Das waren nicht nur die Busch-Kinder und ihre Freunde. Das war sie selbst. Oder war es ganz anders? War es Gottes Wille, dass Tom und sie einen gemeinsamen Weg gehen sollten? Eine große, heiße Welle durchströmte Lisa bei diesem Gedanken.

„Was denn für Aufmüpfige?" Tom, der neben Dave saß, hatte Marias Bemerkung gehört. „Ich finde eure Kinder total klasse!"

Lisa konnte ihre Blicke nicht von seinem Gesicht lösen. Nur noch wenige Minuten, dann würde er aus ihrem Leben verschwunden sein – vielleicht für immer.

„Ach, wir haben zwei Problemkinder dabei." Dave senkte die Stimme zu einem Murmeln, damit die Kinder nicht mitbekamen, was er sagte, sah aber vielsagend zu den beiden Buschs hinüber.

Tom folgte seinen Blicken. „Wieso, was ist mit denen? Ich fand sie prima beim Fußball vorhin. Der Philip gibt mal einen guten Mittelstürmer ab."

„Tjaa, das gefällt denen natürlich. Aber wenn es um Bibelarbeit geht, um gemeinsames Gotteslob, da hängen die durch. Sie stecken die anderen in ihrer Altersgruppe an", raunte Dave verschwörerisch in Toms Ohr. „Um Veronika und Sam mache ich mir große Sorgen."

„Sorgen? Wieso? Ist doch klar, dass die lieber draußen toben, als Bildchen auszumalen. Das wäre mir in dem Alter auch so gegangen", sagte Tom so laut, dass Lisa trotz des Kindergeplappers jedes Wort verstand.

Was Dave gesagt hatte, wusste sie ohnehin. Sie kannte ja die Meinung des Teams über den kleinen Aufstand, den die ungläubigen, seelisch verwahrlosten Busch-Kinder angezettelt hatten.

„Verstehen vielleicht, aber ganz bestimmt nicht dulden, Tom. Wir halten hier eine christliche Kinderfreizeit ab." Dave hob die Stimme. Sie klang gefährlich scharf.

Lisa zuckte zusammen, als Tom für eine neue Erwiderung Luft holte, aber Paul legte eine Hand auf den Arm seines Freundes. Er schob seinen Stuhl zurück und stand auf. „Komm, Alter, es wird Zeit, dass wir dieses gastliche Haus verlassen."

„Okay!" Auch Tom erhob sich.

Dave, der nun ebenfalls aufstand, klatschte in die Hände. „Hört mal alle her!" Etwas mühsam verschaffte er sich Ruhe. „Unsere Gäste verlassen uns jetzt ..."

„Oooch, schade!", riefen mehrere Kinder und die Buschs ließen sogar Buhrufe ertönen.

Dave runzelte die Stirn und warf der aufmüpfigen Ecke finstere Blicke zu. „Ihr wisst doch, dass sie eine Radtour machen. Also wollen wir sie mit einem Lied verabschieden und um Gottes Segen für ihre weitere Fahrt bitten."

Jojo holte die Gitarre und stimmte das Abschiedslied an: „Wir zieh'n mit Gottes Segen wohl in die weite Welt. Bei Sonnenschein und Regen ist seine Hand das Zelt ..."

Die Kinder stimmten nach und nach ein. Als sie geendet hatten, schüttelte Dave den beiden Radwanderern die Hand und lud sie ein, doch einmal in der Gemeinde vorbeizuschauen und gerne am Gottesdienst teilzunehmen. Paul dankte in beider Namen. Tom starrte Lisa an. Aber er sagte nichts. Lautstark verabschiedeten sich die Kinder. Ehe Tom und Paul den Saal verließen, bedankten sie sich bei den Helfern: Die Jungs klopften einander auf den Rücken und Paul und Tom nahmen die Mädels in den Arm. Bei Lisa war Tom sehr hastig, flüchtig, fast schon auffallend distanziert. Lisa schluckte. Das also war der Abschied, den Gott von ihr verlangte? Sollte sie Tom nicht wiedersehen? Lisa fühlte sich innen voller Tränen, zwang sich aber zu einem Lächeln.

Und dann knubbelten sich die Kinder am Tor. Sie hüpften und winkten, als Tom und Paul davonradelten.

5. Zwei Welten

„Yiiiee-haaa!“, schrie Paul, als wir die langen Schleifen der Fahrstraße hinuntersausten. Dabei sang er lautstark: „Vaaater, mach kein Theater, ich hab ’n Kater!“

Wir ließen uns den Wind um die Ohren wehen und je weiter wir uns vom *Paradise Garden* entfernten, umso erleichterter wirkte Paul. Ich lachte zwar über seine Befreiungsrufe, fühlte mich selbst aber alles andere als befreit. Wovon auch? Ich fuhr von Lisa weg. Wir hatten nicht einmal unsere Handynummern ausgetauscht. Ich konnte mich nicht mal richtig von dir verabschieden, Lisa, dachte ich bitter. Keine Sekunde lang waren wir mehr allein und diese Maria hat ständig ihre vernichtenden Blicke auf mich gerichtet. Ich hätte dich sooo gern noch einmal umarmt, Lisa, meine Süße!

Klar, Paul ließ niemanden zurück, den er lieb hatte. Er war nur froh, das süßliche Gebetsgetue los zu sein.

„Da hast du dich ja fast in die honigtriefenden Nesseln gesetzt, Tommiboy“, sagte Paul zwei Stunden später.

Wir waren am Mainufer, auf dem komfortablen und lauschigen Campingplatz in Urphar kurz vor Wertheim angekommen, hatten auf kurzgeschorenem Rasen das Zelt aufgebaut, mit Blick auf den Fluss. Und nun kochte unser Nudelwasser im Alutopf über der Gaskartusche. Ich dachte an Lisa. „Spotte du nur“, sagte ich.

Aber Paul schüttelte den Kopf. „Ich meine nicht deine Lovestory. Du hättest dich fast mit dem allmächtigen Dave angelegt. Ich hab dich ja gerade noch davon abhalten können.“

„Ach, das meinst du." Ich schnaufte erleichtert. Wenn er meine Gefühle für Lisa unter Lovestory einordnete, dann war das okay. Ironische Bemerkungen darüber hätte ich jetzt nicht einmal von ihm ertragen können. „Ich hab mich nur gewundert, dass Dave Probleme mit diesen Kindern hat. Ich mag Philip und Sam und die Mädels richtig gern. Höchstens Nathanael kommt mir – na ja – irgendwie verkümmert vor."

Paul schnaubte ungeduldig. „Du siehst die Problematik natürlich nicht. Als heidnischer Atheist kannst du das auch gar nicht. Sei froh, dass du nicht frühgeschädigt bist wie ich. Weißt du, was die mit Kindern machen, die keine Lust haben, sich von morgens bis abends fromme Geschichten anzuhören? Nein, das kannst du gar nicht wissen!" Paul stocherte mit einer Gabel in den kochenden Nudeln. Er klang bitter. So kannte ich ihn gar nicht.

„Lass es raus, Alter", sagte ich, „du erstickst ja fast dran. Ich fand's etwas seltsam, was dieser Dave da von sich gegeben hat. Aber du hattest ja echt Bammel, dass ich mich mit ihm anlege."

„Die machen Druck. Ganz einfach Druck!" Pauls Gesicht war finster geworden.

„Hast du das selbst erlebt, ich mein, damals, als du mit deiner Mutter dort oben im Paradies warst?"

Mein Scherz kam nicht an. Paul hing seinen Erinnerungen nach. „Also erst mal reden sie voll moralisch auf die Kinder ein. Und dann beten alle laut und gemeinsam dafür, dass Gott sie zu besseren Menschen macht. Ja klar, hab ich das damals erlebt. Dabei war ich nur Mitläufer der Revolte. Wir haben …" Er lachte auf, schüttelte den Kopf, grinste mich an. „Wir haben die Bibelstunde geschwänzt und sind in den Wald abgehauen, Räuber und Gendarm spielen."

Der bittere Zug um seine Mundwinkel verschwand. Mit ihm zusammen konnte ich den kleinen Paul vor mir sehen, wie er mit einem Stock als Gewehr durch die Büsche schlich. Überall knisterten und schwangen die Zweige, weil seine Räuberkumpels sich versteckten oder die Polizisten die Räuber aufspürten.

„Warst du Räuber?"

„Na klar, was sonst?", sagte Paul.

„Da hätte ich auch sofort mitgemacht!"

„Aber das Himmeldonnerwetter danach hatte sich gewaschen. Im Ernst, die haben uns gedroht, dass der Teufel solche Kinder wie uns bereits in den Klauen hat, und ich hab tagelang den Griff der Klauen in meinem Nacken gespürt."

„Wie? Haben die euch verprügelt?"

„Nee, überhaupt nicht. Ganz die sanfte Tour. Aber die wirkt. Du siehst den Teufel hinter jeder Ecke. Und du siehst den traurigen Gott, der über deine verlorene Seele weint." Paul rieb sich die Stirn. „So ein Schwachsinn! Ich war total froh, als mein Vater uns da rausgeholt hat, meine Schwester und mich."

„War Mia auch mit?" Pauls jüngere Schwester ging in die achte Klasse. Auf dem Schulhof stellte sie sich oft zu uns, manchmal mit ihren Freundinnen, die erst dreizehn waren, aber aussahen wie fünfzehn, echt sexy.

„Mia war damals … lass mich nicht lügen, also die war vielleicht drei oder vier. Die hatte noch keine Chance, rebellisch zu sein. Die hockte halt bei meiner Mutter auf dem Schoß oder was weiß ich. Ich hab mich echt nicht um Mia gekümmert. Ich fand's super mit den anderen Jungs. Na ja, bis es zum Urknall aus Himmel und Hölle kam. Puff, peng und so weiter."

„Und deine Mutter, hat sie dich nicht verteidigt?"

„Die? Überhaupt nicht, die hat das alles ernst genommen. Hab ich doch schon gesagt. Die war verzweifelt darüber, dass sie so einen Satansbraten als Sohn hatte! Bei meinen Eltern hat ein richtiger Kampf getobt, als mein Vater dieses Angebot vom Bistum bekam, Wirtschaftsleiter in *St. Altfrid* zu werden. Volles Rohr, sag ich dir. Freikirche gegen die gute alte R-kath Ki."

„Wer ist das denn?" Pauls Abkürzung sagte mir nichts.

„Römisch-katholische Kirche", ergänzte er und lachte. „Familienjargon."

„Okay, kapiert."

„Gewonnen hat mein Vater. Und ich glaub bis heute, dass ich den Ausschlag gegeben hab mit meinen teuflischen Albträumen. Er hätte ja die Stelle nicht annehmen müssen. Die haben da allerdings verlangt, dass die ganze Family katholisch ist. Das schon."

„Und deine teuflischen Träume? Davon hast du bisher nie was erzählt."

„Ach, hab ich auch fast vergessen. Ist lange her. Ich bin nach der Freizeit im *PG* eine Zeit lang jede Nacht heulend aufgewacht, weil ich vom höllischen Feuer geträumt hab. Ja, echt. – Meinem Vater wurde das irgendwann zu viel und meine Mutter musste ihre *GFC* aufgeben."

„Lass mich raten. *Guter Frommer Club*?"

„Exakt", lachte Paul, hievte mit seinem Spezial-Campinggriff den Topf vom Aufsatz der Kartusche und kippte vorsichtig das Nudelwasser ins Gras. Ein paar Hörnchen fielen trotzdem mit heraus. Er fluchte unchristlich und meinte, dass es natürlich *Gemeinschaft freier Christen* heiße.

„Bisschen Schwund ist immer", tröstete ich ihn wegen der Nudeln. Mit pürierten Tomaten und Kräutersalz gewürzt schmeckte unser improvisiertes Abendessen ganz ordentlich.

Ich dachte an Lisa, die jetzt im Speisesaal des *PG* hinter ihrem Stuhl stand, die Hände gefaltet, mit diesem Madonnenausdruck, und ein Tischgebet sprach. So etwas hatte ich bisher nicht gekannt. Bei uns zu Hause betete niemand, weder vor dem Essen noch danach. Paul und Mia sprachen mit ihren Eltern ein kurzes Tischgebet. Ob Paul sonst auch für sich allein betete? Irgendwann würde ich ihn das fragen. Heute lieber nicht. Sonst regte er sich wieder auf. Heute fischten wir nur gemeinsam die Nudeln mit Tomatensoße aus dem Alutopf und saßen noch lange am Flussufer. Glatt und träge zog der Main an uns vorüber und später leuchteten Ketten aus bunten Lämpchen an den Vorzelten der Dauercamper.

Paul improvisierte leise auf seiner Mundharmonika. Vor unserer Radtour hatte ich nicht gewusst, dass er so was kann. Den MP3-Player ließ ich eingepackt. Zu diesem Campingplatz passte Pauls Livekonzert besser. Ich schaute zu, wie das Wasser lautlos und nachtgrün vorüberzog, und dachte hoffnungslos an Lisa, die Himmlische.

Am anderen Morgen gönnten wir uns noch eine Extraportion Kultur: die Wehrkirche in Urphar und das Kloster Bronnbach. Und während wir in dieser alten Anlage herumstiefelten, die verwitterten Steinfiguren im Skulpturengarten unter die Lupe nahmen und Paul geduldig seine Fotos machte, fiel mir ein, dass Lisa von einem Wertheim Village gesprochen hatte, das „supercool“ wäre. Wetter gut, wir gut drauf, also warum nicht zu diesem Village, was immer das sein mochte?

Auf der Anhöhe über den Flusstälern ragten Stadtmauer und Türmchen in den blauen Himmel: Filmkulisse, Märchenstadt. Wie Disneyland. Ach, Lisa!, dachte ich, dein cooles Village ist der hinterletzte Kitsch. Ein Zuckerbäckerdorf, in dem es nichts gibt außer endlosen Läden voller Markenklamotten und Scharen von einkaufslustigen Familien. Und das imponiert dir?

Paul und ich grinsten uns an, machten kehrt und schoben die Fahrräder durch das auf alt getrimmte Eingangstor zum Parkplatz zurück, auf dem Hunderte von Autos in der Sonne funkelten.

„Sorry, Paul“, sagte ich. „Lisa hat mir davon vorgeschwärmt. Sie war mit ihren Helfertypen hier shoppen.“

„Na ja, das Ganze ist ziemlich american-like aufgezogen, und wenn man wochenlang dort oben im Wald hockt, imponiert es einem vielleicht. Aber wir müssen uns das echt nicht geben“, antwortete Paul.

Wir schwangen uns auf die Sättel.

Deine Welt, Lisa! Aber ganz und gar nicht meine. Jetzt, wo Paul und ich wieder auf Entdeckungsreise waren, spürte ich die Kluft zwischen unseren Welten wie etwas Unüberwindbares. Einerseits schienen diese ordentlichen, frommen jungen Leute durchaus konsumorientiert, andererseits aber sehr einseitig mit ihrem Glauben und ihrer Moral beschäftigt. So frei von jedem Zweifel daran, ob es Gott überhaupt gibt und was richtig und was falsch ist. Aber okay, damals wusste ich noch nicht sehr viel über die sogenannten Frommen …

„Weißt du, was die Mädels so … schulmäßig machen?", fragte ich in einem möglichst gleichgültigen Ton.

„Wer? Vor allem Lisa?" Paul klang ironisch. Klar, dem konnte ich nichts vormachen. „Über diese Maria weiß ich nichts, aber Jojo hat mir erzählt, dass er und Lisa in die Realschule in Kettwig gehen. Und dass sie nach den Ferien alle ein Berufspraktikum machen. Er ist durch die Vermittlung eines prominenten Gemeindemitglieds in der Redaktion eines frommen Radiosenders untergekommen."

Für meine Eltern war nicht einmal das Gymnasium in unserem Essener Stadtteil Kettwig gut genug. Sie hatten auch Pauls Eltern davon überzeugt, dass Werden besser sei. Also fuhren wir beide jeden Tag mit meiner Mutter nach Werden und mit S-Bahn und Bus zurück auf die Laupendahler Höhe. In wenigen Tagen war es wieder so weit. Ich verdrängte schnell den Gedanken an die Schule. Jetzt genossen wir noch Wertheims Altstadt in der Sonne. Brücken mit sommerwarmem, verwittertem Steingeländer über Main und Tauber. Dem Hauch der Geschichte in den Gassen nachspüren.

Aber ich konnte nicht aufhören an Lisa zu denken und daran, dass ich sie irgendwie herausholen wollte aus ihrer flachen, begrenzten Welt und dass ich keinen Plan hatte, wie ich das hinkriegen könnte.

Paul fragte nicht, warum ich verstummt war. Er sagte unvermittelt: „Sie heißt Lisa Wagner. Die Familie kommt aus Kasachstan. Ich weiß ungefähr, wo diese Wagners wohnen, ich kann ihre Adresse rausfinden." Und dabei schaute er mich an, wie man einen Kranken anschaut, dem man Mut machen will.

Ich schnaubte verzweifelt. Mein Grinsen missglückte. „Okay, Alter", sagte ich. „Aber du glaubst doch nicht, dass ich dort mit einem Blumenstrauß aufkreuze! Oder vor Lisas Haustür auf und ab tigere, bis sie erscheint?"

„Du könntest ihr schreiben."

„Ja klar! Geht's noch? Schreiben! Ha! Und was soll ich ihr schreiben? Liebeslyrik? Ich weiß doch nichts über sie. Nicht mal, was sie gern liest, welche Musik sie mag. Nichts weiß ich, außer dass sie zu diesem frommen Club gehört." Ich hörte selbst, wie bitter mein letzter Satz klang.

„Okay, okay, wusste nicht, dass es so schlimm ist." Paul lachte mich nicht aus. Er sagte nur: „Übertreib mal nicht. Irgendwas würde dir bestimmt einfallen. Du musst ja mit ihr keine theologischen Grundsatzdebatten führen. Also, was soll's?"

Ich biss mir auf die Lippen. „Ach, so wichtig ist mir diese Lisa auch wieder nicht", behauptete ich – aber wir wussten beide, dass das gelogen war. Natürlich dachte ich: Und wie wichtig mir Lisa ist! Das Gefühl sitzt viel zu tief. So tief, dass es wehtut. Nie, nie werde ich Lisa vergessen. Wenn ich an sie denke, wenn ich die wenigen Szenen abrufe, die ich in Erinnerung behalten habe, bin ich elektrisch geladen bis in die kleinste Muskelfaser.

Aber ich wollte mich vor Paul nicht noch mehr zum Affen machen. Paul verliebte sich nie so total – zog mal mit diesem, mal mit jenem Mädel herum. Ich musste allein damit fertig werden, dass ich mich in Lisa verknallt hatte, obwohl ich sie gar nicht kannte. Wir hatten ja überhaupt keine Zeit gehabt, um über Dinge wie Schulabschluss, Berufswünsche und Zukunft zu sprechen. Wir hatten nur diese wenigen gemeinsamen Wahnsinnsstunden gehabt und uns total ineinander verknallt. Und das war's dann auch. Es würde keine Fortsetzung geben, so viel war mir schlagartig klar. Vergessen ging nicht. Aber abhaken. Ferienflirt und Ende. So würde Paul es zumindest machen. Aber ich war in dieser Hinsicht ganz anders als er.

Morgen würde Pauls Vater uns abholen. Wir würden die Räder auf das Dachgestell des Benz hieven, erzählen, wie es gewesen war, und zurückkehren in unser Villenviertel in Essen-Kettwig. Dort wollte ich Lisa Wagner vergessen.

Und doch konnte ich die Mühle in meinem Kopf nicht abstellen. Während ich hinter Paul her nach Urphar zurückstrampelte, versuchte ich mir pausenlos vorzustellen, was Lisa und ich gemeinsam tun und wie wir zusammen unsere Freizeit gestalten würden. Dabei fiel mir wieder auf, dass ich echt null Ahnung hatte, wofür Lisa sich außerhalb dieser *GFC* interessierte.

Berufspraktikum, hatte Paul gesagt. Für welche Berufe interessierte sich Lisa? Keine Ahnung. Paul und ich hatten damals ganz selbstverständlich im Herzzentrum Essen, wo mein Pa Chef seiner Abteilung war, im Labor herumschnuppern dürfen. Und einen Moment lang träumte ich davon, dass Lisa ihr Praktikum in der Gynäkologie auf der Station meiner Ma absolvieren würde. Langsam, langsam, Thomas Brettschneider, sagte ich mir. Du weißt ja nicht mal, ob sie sich für Medizin interessiert. Nichts weißt du. Also hör auf, darüber nachzudenken. Und doch dachte ich weiter: Selbst wenn Lisa sich für Medizin interessierte, Ärztin wie meine Ma würde sie bestimmt nicht werden. Wer sollte ihr Studium bezahlen? Es gab auch heute noch Klassenunterschiede. Und Lisa hatte bestimmt weniger Chancen als ich. Einfach, weil sie in eine Aussiedlerfamilie hineingeboren worden war. Das war total ungerecht, aber so war es.

Paul fuhr jetzt neben mir auf dem Radweg. Er legte mir seine Pranke auf die Schulter. „Lass mal Luft dazwischen. In ein paar Wochen weißt du, was aus dir und Lisa wird und was nicht."

Warten? Worauf? Dass Gott ein Wunder wirkte? Ich glaubte ja nicht einmal an ihn. An ein Wunder hätte ich nur zu gern geglaubt an diesem Sommernachmittag in Wertheim, nur wenige Kilometer von Lisas Paradies entfernt.

6. Verrat

„Der Paul hat sich total verändert“, sagte Maria, als die Helfer im Abendkreis zusammensaßen. Auf dem Couchtisch standen eine Schale mit Knabberzeug, Gläser, Wasser und Vitaminsaft. Eine Kerze verbreitete Vanilleduft und warmes Licht.

„Der ist ja auch schon lange aus unserer Gemeinschaft ausgetreten.“ Jojo zupfte einen letzten Akkord, stellte die Gitarre weg und griff in die Schale mit den winzigen Salzbrezeln und Kümmelrauten.

„Ausgetreten *worden*“, betonte Maria. „Meine Mutter hat das Drama ja miterlebt. Pauls Mutter musste sich zwischen der Gemeinde und ihrer Ehe entscheiden.“

Sekundenlang schwiegen die anderen, nur Jojo kaute krachend Brezelstückchen.

„Lasst das doch. Ist alles lange her.“ Dave in seinem bequemen Sessel schlug die Beine übereinander und schlenkerte mit dem Unterschenkel. Lisa kannte das bei ihm. Immer wenn Dave sich unbehaglich fühlte, wenn er angespannt und genervt war, wackelte er so mit dem Bein. „Mich hat eher dieser Tom gestört“, sagte er leise. In Lisas Ohren klang es wie das Knurren eines angriffslustigen Hundes. „Paul ist ja immerhin katholisch. Aber dieser Tom glaubt nicht einmal an die Existenz Gottes, wenn ihr mich fragt.“

Es fragt dich aber niemand! Beinahe wäre Lisa mit dieser Bemerkung herausgeplatzt. Sie biss sich gerade noch rechtzeitig auf die Zunge, denn Maria drehte sich mit einem kleinen, spitzen Ruck zu ihr hin und sagte: „Tja, Lisa, da hättest du eine echte Aufgabe!“

„Ich? Warum ich?“

„Das weißt du ganz genau.“ Marias Worte klangen hart, unerbittlich. Ihre klaren und sehr hellen Augen starrten Lisa an, ohne einen Wimpernschlag. „Lad ihn ein, hol ihn zu uns. Kämpfe für Jesus bei ihm und seiner Familie. Seine Eltern sind reich. Der Vater, Dr. Brettschneider, gilt als Koryphäe. Die wären ein echter Gewinn für die Gemeinde und Gottes Botschaft!“

Lisa wusste, wie Marias Familie über diese Dinge dachte. Sie betrieben eine sehr erfolgreiche Firma für Kamine und Kachelöfen.

Jojo hörte auf, sich Knabberzeug in den Mund zu stopfen. Er schluckte und schaute die anderen ratlos an. „Hab ich hier was verpasst?“

„Allerdings“, sagte Maria. Sie wandte endlich ihren Blick von Lisa und griff nach dem Saftkrug.

Lisa spürte, wie ihr Gesicht flammte. Maria schenkte zuerst Dave nach, dann Jojo, dann sich selbst, während Lisa ihr halbvolles Glas mit beiden Händen umklammerte und „Danke, ich hab noch“ murmelte.

Dave betrachtete seine Fußspitze, die er knapp über dem Couchtisch pendeln ließ. „Bitte, Maria. Wir sollen nicht über andere urteilen. Jesus sagt ausdrücklich: *Richtet nicht, damit ihr nicht gerichtet werdet.*“

„Hab ich hier irgendwen verurteilt?“

„Jetzt klär mich mal einer auf. Was geht hier ab?“ Jojo schob schnell eine Handvoll Salzgebäck hinterher.

„Das muss Lisa schon selbst tun“, sagte Maria und wieder klang es wie Gletschereis.

Lisa, die ihr flammendes Gesicht spürte, schwieg. Ihr Herz pochte so heftig unter der pinkfarbenen Tunika, dass sie selbst das Flattern des leichten Stoffes spürte. Den Kopf gesenkt, die Haare tief im Gesicht, beobachtete sie Daves Turnschuh, der seinem Saftglas bedrohlich nahekam. Ihr Kopf war voll grauer Watte. Nichts. Kein Bild, kein tröstliches Bibelwort. Nicht einmal an Flucht dachte sie.

„Ja, was ist? Hat Lisa irgendwas verbrochen? Hat es mit den Jungs zu tun? Mit Paul und …“

Da vibrierte Lisas Handy. Ehe sie denken konnte, griff ihre Hand in die Tasche ihrer Jeans. Auf dem Display leuchtete Lucas Abendgruß. Es fuhr Lisa wie ein stumpfer Schmerz in den Magen. Ihr wurde leicht übel beim Gedanken an ihren Versprochenen. „Luca“, stammelte sie. „Ich muss … ich …“ Sie sprang auf, rannte nach draußen. Dort erst las sie seine Nachricht: *HI, ANGEL. ILY. PRAY FOR YOU. GN, LU.*

Das Handy wog schwer wie ein Stein in ihrer Hand. Der tägliche Abendgruß, seit Luca in Kalifornien sein Austauschjahr in der Familie eines Predigers machte. Sparsame Liebeserklärung auf Englisch. Wenn sie wieder zu Hause war, würden sie sich mailen. Seit Tom ins *PG* geregnet war, hatte sie Luca nicht einmal mehr Gedanken zugeschickt. Nicht für ihn gebetet. Ihre SMS vom Vorabend hatte nichts verraten. Jetzt, wo sie wieder antworten musste, spürte sie, wie sich der stumpfe Schmerz in einen scharfen verwandelte und sich durch ihre Bauchdecke zog. Sie würde wohl bald ihre Tage bekommen.

Lisa führte das abendliche Ritual aus, als wäre alles noch wie immer. Ihre Finger zitterten. Sie schrieb: *HI.* Zögerte. Tippte schnell die drei Buchstaben, die Liebe simulierten: *HDL.* Dann: *Bete für dich. GN* und ihre beiden Buchstaben *LI*. Schickte ihre Botschaft auf unsichtbaren Wellen und wusste, dass sie gelogen hatte. Heute zum dritten Mal.

Dort drüben hatte es begonnen, als das rote Zelt unter den Kastanienbäumen gestanden hatte, als sie neben Tom auf der Bank vor der Grillhütte gesessen hatte. Als sie mit Tom in den Wald hineinspaziert war. Da war sie zur Verräterin an ihrer Liebe zu Luca geworden. *Ehe der Hahn kräht, wirst du mich dreimal verleugnen.* In der Bibel verleugnete Petrus den Herrn Jesus. Er setzte sich ab. Behauptete, Jesus nicht zu kennen. Und ich, dachte Lisa, ich verleugne Luca. Ich hätte es Tom sagen müssen.

Ihre Beine setzten sich in Bewegung. Ihre Gedanken trieben sie vom Haus weg, über den Hof, an der Grillhütte vorbei, trieben sie den Waldweg entlang und während sie immer schneller lief, das Handy noch in der Hand, sagte sie, was sie nicht gesagt hatte, als Tom neben ihr gegangen war. Sie sagte es jedem Baum, jedem Haselstrauch, jedem Brombeerstrauch, jedem Adlerfarn: „Ich habe vor Gott und der Gemeinde versprochen, dass ich Luca treu bleibe. Tom, ich darf dich nicht berühren. Versteh doch! Es geht nicht. Ich gehöre zu Luca, der auf der anderen Seite des großen Teiches lebt für eine kurze Zeit, aber er wird zurückkommen und dann …"

Lisa erschrak. Sie blieb stehen und legte die Stirn an den glatten Stamm der nächstbesten Buche. Durch das Laub sickerte Vollmondlicht. Kalt, silberklar und unheimlich. Was dann? Ja, was würde dann zwischen ihnen beiden sein? Es war ja nichts mehr wie zuvor. Luca, dachte sie. Luca? Wo bist du? Was denkst du? Warum spüre ich dich nicht? Warum spüre ich deine Liebe nicht? Meine Liebe zu dir ist verschwunden, ausgelöscht. Sie gilt nicht, sie war nicht echt. Ich hab mir nur eingeredet, dass ich dich lieb habe. Ich hab doch gar nicht gewusst, was Liebe ist.

Sie steckte das Handy in die Tasche ihrer bestickten Tunika und legte beide Arme um den Baumstamm. Endlich spürte sie den Schmerz. Ein dunkles, drückendes Gefühl schüttelte sie, endlich konnte sie weinen, auch wenn sie nicht genau wusste, worüber. Weil sie Luca nicht liebte, zu dem sie gehörte? Oder weil sie sich in Tom verliebt hatte, den sie nie mehr wiedersehen durfte? Tom, der nicht in ihre Welt passte. Tom mit dem Jesusgesicht, der weder an Gott noch an Jesus glaubte. Der Baumstamm fühlte sich kühl und fest an, wie der Körper eines Engels, der sie beschützte.

Später erfuhr Lisa, dass sie über eine Stunde lang so gestanden und den Baum umschlungen hatte. Ihre Arme waren blutleer, taub und eiskalt. Längst hatte der Nachtwind ihren Körper ausgekühlt. Sie hatte doch nichts weiter an als die dünne Tunika.

Vom Haus her riefen die anderen nach ihr, riefen mit verhaltenen Stimmen, um die Kinder nicht zu wecken. Die schliefen ja schon längst und ahnten nicht, was für eine Verräterin die nette Lisa in Wirklichkeit war.

Die Strahlen von zwei Taschenlampen schwankten den Waldweg entlang und Jojo rief: „He, Lisa, da bist du ja!"

Maria löste Lisas Arme vom Baum. „Du bist ja total kalt, Mädel, hier nimm meine Jacke." Maria hüllte sie in die vorgewärmte Strickjacke.

Lisa zitterte, machte mit steifen Beinen ein paar Schritte, aber da gaben ihre Knie nach. Und wenn Jojo ihr nicht blitzschnell unter die Arme gegriffen hätte, wäre sie gestürzt.

Jojo stützte sie, behielt sie in seinen kräftigen Armen und sagte immer wieder: „Warum bist du nur weggelaufen? Das kann doch jedem von uns passieren, dass man sich mal verknallt. Das heißt doch nichts."

„Hör auf, Jojo", zischte Maria, aber Jojo redete weiter und wiederholte, dass das doch jedem passieren könne. „Ich hab mich doch auch in dich verliebt, Lisa, obwohl du mit Luca gehst und ich nie zwischen euch stehen würde. Aber für seine Gefühle kann man doch nichts ..."

„Jojoooo!" Maria hielt an, drehte sich um und hielt den Strahl ihrer Taschenlampe in Jojos Gesicht. Sie blendete auch Lisa, und erschrocken schlossen beide die Augen.

„So, jetzt ist erst mal Schluss mit dem Gerede, Jojo. Weißt du denn nicht, dass Jesus sagt: *Deine Rede sei: Ja, ja; nein, nein. Was darüber ist, das ist vom Übel!*"

„Ja, okay, bin schon still", murmelte Jojo und führte Lisa sicher über die letzten holprigen Baumwurzeln in den Hof des *Paradise Garden.*

Hatte sie geschlafen? Da war dieser silbergraue Engel gewesen mit den goldenen Flügeln, die über ihr rauschten. Und er hatte Tom zu ihr geführt und ein wunderbares Gefühl hatte Lisa erfüllt und alles war gut gewesen. Nun lag sie wach, als hätte eine Welle sie an den Strand gespült. Sie hörte die Stimmen der Kinder, hörte Dave und Jojo und als Maria die Vorhänge aufzog, durchflutete die Morgensonne den schmalen Schlafraum.

„Guten Morgen, du Murmeltier", sagte Maria und es klang, als hätte es den gestrigen Abend nicht gegeben.

Beim Morgengebet dankte Dave dafür, dass Gott den Unfrieden gebannt habe, den Philip und Nele in die Gruppe gebracht hätten, und er betete für Lisa, dass er ihr Herz in seinen guten Händen bergen und es auf den rechten Weg leiten möge.

Philip und Nele wurden rot und senkten die Köpfe. Lisa zwang sich aufrecht zu stehen und hoffte, dass ihr Gesicht nicht genauso rot angelaufen war wie das der beiden Buschs.

7. Mails aus den USA

Jojo saß im Redaktionsraum des Jugendzentrums der *GFC* am Computer. In den kommenden Tagen mussten Jojo, Maria und Dave die nächste Nummer der gemeindeeigenen Jugendzeitung fertigstellen. Sobald Jojo im Berufspraktikum war, würde er dafür keine Zeit mehr haben.

„Hi", sagte Lisa und gab ihm ein Küsschen rechts und ein Küsschen links. Die übliche Begrüßung. „Kann ich mal mit meinem … äh, mit Lucas Laptop hier ans Netz gehen?"

„Okay, weil du's bist", sagte er. „Klar kannst du", fügte er schnell hinzu, weil Lisa ihn so verschreckt anschaute. „Aber warum schreibst du ihm nicht von zu Hause aus?"

Jeder hatte heutzutage ISDN und eine Flatrate, aber Wagners gehörten zu den wenigen jüngeren Leuten in der Gemeinde, die das Surfen im Internet rigoros einschränkten. Sie kontrollierten genau, wie oft und wofür ihre Kinder am Computer saßen. Für Josef Wagner, Lisas Vater, der in einem Gartencenter arbeitete, zählte nur, was er mit seinen Händen anfassen, ausgraben, beschneiden und verpflanzen konnte. Virtuelle Botschaften und Bilder, die von irgendwoher gesendet und rund um den Globus gejagt wurden, waren ihm unheimlich. „Das ist Deibelzeug", pflegte er mit seinem kasachischen Akzent zu sagen. „Was die alles an Schweinkram anbieten, schadet euch nur. Das sind die bösen Geister, die Dämonen. Sie machen süchtig. Das ist sogar wissenschaftlich bewiesen. Sogar der amerikanische Gastpfarrer hat darüber gepredigt. Wir müssen auf der Hut sein vor dem Teufel, der sich mit unwirklichen Bildern bei uns einschleicht. Und der Herr Jesus hat immer gegen die Dämonen gestritten. Also, was wollt ihr? Steht sonst irgendetwas übers Internet in der Bibel? Na? Nichts sonst steht da drin."

Lisas Brüder senkten dann die kurz geschorenen Köpfe, rollten mit den Augen, knirschten mit den Zähnen und luden sich eben bei ihren Freunden illegal Musik herunter. Musik, die sie zu Hause nicht hören durften, die nichts mit dem sanften Beat der frommen Lieder zu tun hatte. Johann und Peter, dreizehn und vierzehn Jahre alt, ließen sich nur noch mit Vaters Macht und verbaler Gewalt in die sonntäglichen Gottesdienste schleifen. Lisa fürchtete um die Seelen ihrer Brüder und betete für sie.

Anna Wagner, Lisas Mutter, weinte zwar manchmal heimlich, vertuschte aber ihre Tränen sofort, wenn Lisa dazukam. Ihrem Mann widersprach die Mutter ohnehin nie. Manchmal unterlief sie seine Anordnungen. Sie deckte ihre Söhne, wenn sie heimlich in Kinofilme gingen, die der Vater verboten hatte, oder wenn sie zu lange bei ihren gottlosen, freidenkerischen Freunden blieben. Vieles bekam Anna Wagner, die täglich von acht bis achtzehn Uhr an der Kasse des Gartencenters saß, auch gar nicht mit. Gutgläubig steckte sie ihren Jungs heimlich Geld zu, das die angeblich für schulisches Material brauchten. Und sie gab Lisa zusätzlich Geld für teure Markenjeans, T-Shirts, Jacken, Modeschmuck und Friseur, damit sie „anständig" aussah. Andererseits wachte die Mutter mit harter Hand über die Moral ihrer Tochter und Lisa fürchtete sich vor den Strafen, die Anna Wagner bei jedem kleinsten Vergehen verhängte.

Josef Wagner knauserte auch mit Taschengeld. Dabei berief er sich gerne auf die Bibel: Geld sei ungerechter Mammon, der nur dafür gut sei, sich Freunde zu machen. Regelmäßig überwies er einen beträchtlichen Betrag an die *GFC*. Denn Jesus habe ja gesagt, derart verschenktes Geld würde einen Schatz im Himmel ansammeln, wo nicht Rost und Motte zehren noch Diebe einbrechen und stehlen. Dass er selbst ein dickes Auto fuhr, seinen Bauch mit deftigem Essen füllte und die Wohnung mit allem ausstattete, was ihm gut und wertvoll erschien, zählte anscheinend nicht. Die Brüder fanden den Vater ungerecht und hielten es Mutter und Schwester grimmig vor, dass beide lämmchenbrav vor ihm kuschten.

Bevor Luca zu seinem Predigerstudium abgereist war, hatte er Lisa seinen alten Laptop, der gar nicht wirklich alt war, geschenkt und eine Mailadresse für sie eingerichtet. Lisa hatte den Laptop unter ihren Winterpullis im Schrank versteckt und gehofft, ihr Vater würde während der Sommerfreizeit nicht auf die Idee kommen, eine seiner berüchtigten Razzien durchzuführen. Je nachdem, in welcher Stimmung er war, zwang er seine „Brut", sämtliche Geheimnisse vor seinem Richterauge zu offenbaren. Nur so, sagte er, könne er sicher sein, dass sich kein schmutziges Teufelszeug in ihren Schubladen und Schränken befände. Nicht einmal Peter, der Raffinierteste von den dreien, schaffte es, seine Schmuddelblättchen immer rechtzeitig zu entsorgen. Bisher hatte Lisa nur ein Versteck für ihren Modeschmuck gebraucht, den sie zu Hause nicht tragen durfte. Jetzt musste sie auch noch den

Laptop verbergen. Sie war sicher, ihr Vater würde ihn, wenn er ihn fände, konfiszieren und umgehend an Lucas Eltern zurückgeben.

Aber auch vor den Brüdern war der Computer nicht sicher. Wenn sie ihn entdeckten, würde Lisa keine einzige Mail mehr abrufen, geschweige denn Lucas virtuelle Briefe beantworten können. Denn Peter würde mit gierigen Fingern die Tasten belagern, als gehöre der Computer ihm. Und neugierig, wie ihre Brüder waren, würden sie alles lesen, was zwischen ihr und Luca jemals geschrieben worden war.

So also stand Lisa mit ihrem kleinen grauen Schatz im Büro der Redaktion. Auf Jojo konnte sie sich verlassen, das wusste sie. Noch duftete das neue Gemeindezentrum nach den Naturbaustoffen, aus denen es vor einem halben Jahr erst errichtet worden war.

Durch seine Fensterwand war das kleine Büro sonnenhell. Davor nahm der speziell für diesen Raum angefertigte, ausladende Tisch fast die ganze Zimmerfläche ein. Auf ihm stapelte sich rund um die nagelneue Computeranlage haufenweise beschriebenes Papier: Bücher, Zeitschriften, Kisten voller Handzettel in den Regalen längs der drei übrigen Wände, die gerade mal die Tür zum Flur hin freiließen und vom Fußboden bis zur holzverschalten Decke reichten.

Im Gemeindezentrum hatten die Mitglieder viel in Eigenarbeit gemacht: Lucas Vater, der Architekt, hatte die Pläne gezeichnet, Daves Vater, der ein Bauunternehmen besaß, hatte größtenteils die Erdarbeiten spendiert. Nach dem Aufstellen des Fertigbaus waren die Hobbyzimmerleute und Heimwerker dran gewesen, die unter der fachkundigen Anleitung von Lucas Vater die Innenausstattung gestalteten.

Jojo schob einen Stapel Papier beiseite, rückte einen der mit fröhlichen Biofarben lackierten Stühle für Lisa zurecht und half ihr beim Anschließen des Laptops. Lucas ausrangiertes Teil hatte noch keine integrierte WLAN-Karte.

Dann war sie im Netz und löschte peinlich berührt die Werbung für Viagra, die Angebote für heißen Sex und riesige Geldgewinne von ihrem Server. Papa hat recht, dachte sie, es ist Schweinkram. Schließlich blieben drei Mails übrig. Alle von Luca! Er hatte ihr tatsächlich geschrieben. Eine lange Mail in jeder Woche.

Warum überraschte sie das so? Weil sie einander nur diese kurzen Grüße per SMS geschickt hatten? Du warst so weit weg, Luca!, dachte Lisa und las. Er erzählte vom langen Flug über Wattewolken und eisiges Land, von seiner plötzlichen Angst, dort abzustürzen und in der Kälte zu sterben. Von der glücklichen Ankunft in San Francisco und der überschwänglich herzlichen Begrüßung in der Gemeinde. Von seinen neuen Bekanntschaften, von den vielen Aktivitäten der *Jesus People.* Jede Mail schloss mit den Worten: *Lisa, angel of my heart, I miss you so much … Ich liebe Dich mehr, als Du denken kannst. Ich lege unsere Liebe in Gottes Hände. Er soll uns begleiten und behüten und uns füreinander bewahren. Dein Luca.*

Es schnürte ihr die Luft ab. Um nicht zu ersticken, atmete sie tief ein und stieß mit einem tonlos gehauchten Seufzen die Luft durch den offenen Mund wieder aus. Wahrscheinlich klang es so dramatisch, wie es sich anfühlte, denn Jojo sprang auf. „Schreibt er so schön?"

Neugierig rückte er seine Brille zurecht und reckte den Hals, als wolle er selbst die wundervollen Worte von Lucas Mails lesen.

„Nein, es ist nur … doch, er schreibt ganz toll und erzählt von der Gemeinde in San Francisco, nein, nein, es ist echt gut."

Jojo kam um den Schreibtisch herum.

„Nein, lass!" Lisa hielt die Handflächen schützend vor den Bildschirmtext. „Ich les es dir vor!"

„'tschuldigung, war blöd von mir. Geht mich ja echt nichts an." Jojo zog sich zurück. Seine Stirn flammte.

Lisa schaute ihn an und er tat ihr leid. Jojo ist, was man eine gute Haut nennt, dachte sie. Ein prima Kumpel. Auf den kann ich mich noch in hundert Jahren verlassen. „Also, hör zu, wenn du magst", sagte sie und las all das vor, was Luca auch jedem anderen aus dem *Christlichen Jugendzentrum*, kurz *CJZ*, hätte schreiben können. Aus dem letzten Absatz las sie nur den Segensspruch vor.

Anscheinend war Jojo gerührt, denn er hustete ein paarmal künstlich und putzte seine Brille. Dass inzwischen auch Maria und Dave ins Redaktionszimmer gekommen waren, störte Lisa nicht. Sollten sie ruhig mitkriegen, dass alles in Ordnung war.

Während die drei Redaktionsmitglieder sich leise unterhielten, tippte Lisa ihre Antwort an Luca:

Hi Luca,

danke für Deine supertollen Berichte. Ich habe sie den anderen (Jojo, Maria, Dave) vorgelesen. Wir waren zusammen im PG, *wie Du weißt. Eine sehr gute Zeit war es, obwohl das Wetter manchmal nicht mitgespielt hat. Nun sind wir wieder zurück und ich muss mich um mein Berufspraktikum kümmern.*

Bleib so froh und zufrieden und in Gottes Hand.

HDL, Deine Lisa.

Und auf *E-Mail senden* und dann den märchenblauen Ford Thunderbird wegklicken und Lucas Laptop runterfahren, auch wenn Maria plötzlich auf die Idee kam, sie könnten Luca doch schnell alle gemeinsam noch eine Mail schicken.

„Ja klar, aber das geht doch auch von hier aus", sagte Jojo, der Lisas Verlegenheit bemerkte.

Wenn sie Lisas Mailadresse aufriefen, konnten die anderen Lucas Liebeserklärungen lesen. Seit den Tagen im *PG* traute Lisa Maria nicht mehr.

Maria war Feuer und Flamme. „Wir schreiben ihm über unsere *Sunshine Page.* Dann haben wir gleich den neuen Leitartikel für die Oktober/November-Ausgabe: *Luca bei den Jesus People in San Francisco.* Klingt doch gut. Passt doch! Und dann aber ran, Leute. Das Heft muss raus. Wie weit bist du mit deinem Bericht, Jojo?"

Lisa packte Lucas Laptop in die graue, gefütterte Tasche, die er ihr dazugeschenkt hatte. „Braucht ihr mich noch?"

„Hier nicht", sagte Dave. „Aber du kannst für uns alle Tee kochen, okay?" Er lächelte erst bei „okay".

Da wusste Lisa, dass noch längst nicht alles wieder gut war.

8. Gottesdienst in der *GFC*

„Klar kannst du dort auftauchen“, sagte Paul. „Die freuen sich über jedes neue Gesicht. Aber mich kriegen da keine zehn Pferde mehr hin. Der eine Tag im *PG* hat mir wieder total gereicht.“

„Shit, was soll ich da allein?“ Ich fühlte mich elend. Ich wollte Lisa wiedersehen. Nur wenn ich an einem dieser Gottesdienste teilnahm, hatte ich eine Chance. Aber ganz allein? Ohne Paul?

„Lisa sehen und sterben, Alter! Das musst du schon allein durchstehen!“

Pauls einfühlsame Zeit war anscheinend vorbei. Dass ich mich in Lisa verliebt hatte, verstand er. Aber dass es mir so furchtbar ernst war, konnte er nicht nachvollziehen, weil er Mädels nie so wirklich ernst nahm. Warum konnte ich nicht einfach die Telefonnummer ihrer Familie wählen, mit Lisa sprechen und mich mit ihr verabreden? Was sollte ich ihr sagen? Und wie? Paul hätte gesagt: Wollen wir uns nicht mal treffen? Und noch irgendwelches Zeug gelabert: Willst du mich wiedersehen? Klar willst du. Ich bin der Größte, das weißt du doch. Blödsinnig wäre ich mir dabei vorgekommen.

Zwei Wochen in Klasse zwölf lagen hinter uns. Bald war Schluss mit der Schule. Ich sehnte das Ende herbei. Hinter dem Abi, das fühlte ich, lag die Freiheit, zu lernen, zu denken, zu erforschen, was ich wollte. Alle überflüssigen Fächer würde ich abstreifen und Philosophie oder Physik oder beide Fächer nacheinander studieren. Aus meiner Sicht lieferte die Physik den empirischen Hintergrund für die Fragen, die die Philosophie aufwarf.

Paul schwankte noch zwischen Biologie und Medizin. Aber Pläne hatten wir beide und statt des Fachs Religion hatten wir Philosophie belegt.

Mit Beginn des neuen Schuljahrs hatten wir einen echten Sprung gemacht, waren mit einem Satz dem Erwachsensein nähergekommen. Nur die zähen Lisa-Gefühle bremsten meine Höhenflüge. Ich musste mich ihnen stellen, musste sie ausreißen, um wieder frei zu sein. Seit unserer Radtour hatte ich mir viel zu viele Gedanken gemacht. Und außerdem überall nach Lisa Ausschau gehalten. Wenn Paul und ich über unsere Waldwege joggten oder zum Baldeneysee radelten, wenn wir in der S-Bahn von Werden heimfuhren oder ein Konzert besuchten. Überall sah ich Lisa. Immer zuckte ich zusammen vor Schreck und Freude. Nie war sie es wirklich. Inzwischen wusste ich schon fast nicht mehr, wie sie in echt aussah. Unwirklich erschienen mir die Tage im Freizeitheim der *GFC*. Und je länger sie zurücklagen, umso heftiger träumte ich mich zurück in die Stunden mit Lisa. Es quälte mich, dass ich immer noch an unseren Spaziergang im Wald denken musste, dass ich mir immer noch wünschte, Lisa zu spüren. Allmählich drehte ich am Rad.

Nein, ich musste sie einfach sehen. Vielleicht würde ich sie dann total langweilig finden. Ich redete mir ein, dass Lisa ohne die Wälder in der Umgebung des *Paradise Garden*, ohne den Hauch von Ferien, Radtour und Freiheit zu einem Durchschnittsmädel schrumpfen würde, das ich locker vergessen konnte.

Und Paul sollte mir dabei helfen. Denn nur wenn wir beide mehr oder weniger zufällig am Sonntagmorgen im

Gottesdienst wären, hätte ich die Chance, Lisa neutral zu beobachten und mich von ihr zu befreien.

Es kostete mich alle Überredungskunst der Welt, bis ich ihn weichgeklopft hatte. Ich glaube, er versprach mir nur mitzukommen, weil er mich allmählich für wahnhaft gestört hielt und ich ihm tierisch auf die Nerven ging.

Nach Regen sah es an diesem Sonntag im September nicht aus. Der übliche Dunst würde sich gegen Mittag lichten und wir könnten mit den Rädern noch zum Baldeneysee fahren oder auch weiter. Ich redete mir ein, dass wir auf jeden Fall ein solches Programm vorhätten, auch wenn Lisa nicht im Gottesdienst wäre. Wenn das Wiedersehen mit ihr ein Schuss in den Ofen würde, könnte ich mit Paul darüber reden und auf einer großen Radrunde würde ich mich freistrampeln.

Ohne Paul wäre ich vielleicht an dem unscheinbaren modernen Gebäude vorbeigeradelt. Nichts, aber auch gar nichts ließ es wie eine Kirche aussehen. Es hätte auch das Bürogebäude einer kleinen Firma sein können. Außen wie innen. Skandinavische Möbel. Ein lindgrüner Flur, offene Glastüren. Viel Holz, sauber, frisch gestrichen. Dann der Saal: hellgrauer Teppichboden, Stuhlreihen voller Menschen. Junge Familien, kleine Kinder, jede Menge Leute in meinem und Pauls Alter. Dann sah ich Dave aus dem *PG* und Jojo, der sich mit dem Jungen am Mischpult unterhielt. Eine Band vorn, wo an der Stirnwand das große, neutralweiße Kreuz aufgemalt war, das ich auch im Speisesaal des *PG* gesehen hatte. Mädels, blondlockig und braunlockig, nette Mädels, alle sexy, alle irgendwie clean. Lisa war nicht unter ihnen.

Ich sah sie erst, als der Prediger oder Pastor oder Pfarrer, wie auch immer sie ihn hier nannten, die Begrüßung gehalten und allen Geburtstagskindern der vergangenen Woche gratuliert hatte. Jeder wurde aufgefordert, sich ein Lied zu wünschen, das im Verlauf des Gottesdienstes von der ganzen Gemeinde gesungen werden sollte. Der Prediger las noch einen Text aus der Bibel, in dem es um die Nächstenliebe ging: *„Du sollst den Herrn, deinen Gott, lieben von ganzem Herzen, von ganzer Seele und von ganzem Gemüt. Dies ist das höchste und größte Gebot. Das andere aber ist ihm gleich: Du sollst deinen Nächsten lieben wie dich selbst."*

Undeutlich erinnerte ich mich daran, dass wir einmal im Religionsunterricht darüber gesprochen hatten, wie man dieses „höchste Gebot" – so hieß es – sozial deuten konnte. Im Gegensatz zu Paul war ich ja weder getauft noch katholisch oder evangelisch erzogen worden, meine Eltern hatten mir die freie Entscheidung überlassen wollen, was ich später glauben oder nicht glauben würde. Darum besuchte ich seit Grundschulzeiten mal den evangelischen Reli-Unterricht, mal den katholischen – je nachdem, welchen Lehrer ich lieber mochte.

Wie konnte man etwas so Abstraktes, einen unsichtbaren, erfundenen Gott lieben? Darüber hatten wir mit dem „Theol-Poll", der auch Latein unterrichtete, heftig debattiert, genauso, wie wir uns fast darüber zerstritten hatten, wer denn unser Nächster sei und dass wir unmöglich jeden Deppen lieben konnten. Jetzt berührte mich der alte Text jedoch eigenartig. Hier, in diesem freundlichen Raum, dessen Luft aufgeladen war mit Gefühlen von Gemeinschaft, klang es ganz vernünftig, einander gernzuhaben. Liebe … so würde ich es nicht nennen, dachte ich, aber Zusammenhalt, miteinander in Kontakt sein.

Da trat plötzlich Lisa ans Mikrofon und sang. Ich war total erschrocken, weil sie so wahnsinnig gut aussah. Sie trug ein Kleid, das perfekt passte, oben eng anlag, locker um ihre Beine schwang, edles Schwarz mit ein bisschen Glitzer am Halsausschnitt. Wie eine Rocksängerin hielt sie das Mikro und ihre Stimme füllte warm und klar den Raum. Was sie sang, kam mir bekannt vor. Es war das Lied, das sie im Wald für mich gesungen hatte. Und doch tönte es jetzt ganz anders. Hatte nichts mit unserer Liebe zu tun. War einfach nur ein sentimentales, frommes Lied. Oder war es beides? Mischte sich dieser unsichtbare Gott in die Liebe zwischen Lisa und mir?

„Ohne dich wäre ich verloren. Ohne dich gäbe es mich nicht. Ohne dich wär' ich nie geboren. Ohne dich käm' ich nie zum Licht …“ Nach der ersten Strophe sangen alle den Refrain mit.

Paul neben mir stöhnte leise. Ich gebe es zu, mir lief eine Gänsehaut über Arme und Rücken. Irgendwie gruselte ich mich vor so viel Gefühlsgedusel. Es klang, als meinten sie vollkommen ernst, was sie sangen. Und Lisa mit ihrer seidigen Stimme meinte es auch ernst. Egal, ob sie für Gott sang oder für mich. Sie fesselte mich mit jedem Ton und jedem Wort. Ich würde sie nicht abschütteln können. Jetzt erst recht nicht mehr. Ihr Gott war wirklich schlau. Er köderte mich mit Lisas Stimme.

Nach dem Gesang führten Maria und Dave wie die Rattenfänger alle jüngeren Kinder aus dem Raum. Einige Gesichter erkannte ich wieder. Die aufmüpfigen Busch-

Kinder waren nicht dabei. Aber Veronika und Sam grinsten Paul und mich an und winkten uns übermütig. Auf mein fragendes Gesicht hin murmelte Paul: „Kindergottesdienst. Ist immer so."

Die Predigt über einen Text aus der Apostelgeschichte war dünn wie Wasser, voller Phrasen, langweilig. Ich schaltete ab, dachte an die unheiligen Dinge, die ich mit Lisa tun würde, wenn ich sie endlich wieder bei mir hätte. Sehen konnte ich sie nicht, denn sie saß während der Predigt wieder versteckt irgendwo hinter Keyboard und Schlagzeug.

Ihr zweites Solo hatte sie, bevor diese seltsame Beterei anfing, die aus einer unheimlichen Stille entstand und anscheinend auch zum üblichen Ritual gehörte. Und wieder war ich hin und weg von ihrer Stimme.

„Wir wollen nun unseren Dank und unsere Bitten vor den Herrn tragen." Mit diesen Worten setzte sich der Prediger, verschwand damit für Paul und mich im Publikum, wie auch vorher Lisa verschwunden war.

Es wurde so still, als hielten die vielen Menschen den Atem an. Niemand hustete oder nieste. Und dann stand jemand auf und betete: „Herr, ich bitte dich für Gerda Koslowki, die an Krebs erkrankt ist. Mach sie gesund. Und wenn du das nicht willst, dann gib ihr die Kraft, ihre Krankheit anzunehmen."

Stille.

„Herr, ich danke dir, dass du meine Tochter auf ihrer gefährlichen Reise durch Südafrika beschützt und sie mir gesund und heil zurückgebracht hast."

Hallo? Wieso ist Gott, der Herr, für eine Reise zuständig?, dachte ich und hörte die nächste Stimme aus der

Stille: „Herr, du hast meinen Nachbarn, Ulf Meerbusch, der nicht an dich glaubte, in deine Ewigkeit abgerufen, bevor er sich zu Jesus bekennen konnte, durch den allein du das Tor zum Himmel öffnest. Nimm ihn dennoch gnädig auf in Abrahams Schoß."

In der nachfolgenden Stille fror ich fast an meinem Stuhl fest. Was ging hier ab? Wie konnten diese Menschen entscheiden, wer an Gott glaubte und wer nicht? Und auch noch für einen Verstorbenen beten, der nichts mit Gott zu tun haben wollte?

Paul neben mir war unruhig, als müsse er zur Toilette. Aber die Stille und das Beten brachen nicht ab. Die Bitten wiederholten sich, wurden immer flacher. Wenn ich mit Lisa sprechen wollte, musste ich durchhalten. Oder ...

In dem Moment stand Paul leise auf und schlich nach draußen. Ich folgte ihm. Draußen warteten wir das Ende des Gottesdienstes ab. Ich brannte darauf, Lisa endlich wieder für mich zu haben, ihr nahe zu sein.

9. Hoffnung

Er stand im Flur zwischen Gottesdienstraum und dem Saal, in dem sich die Gemeindemitglieder zum Mittagessen treffen würden. Er lächelte sie an. Lisa dachte nur: Weg hier! Weg! Aber dafür war es schon zu spät. Tom schaute ihr in die Augen und Lisa versank in dieser heißen Welle aus Glück und Erschrecken. Die Jesus-Haare hatte er straff nach hinten gekämmt und mit einem Zopfgummi gebändigt. Er trug Jeans, Turnschuhe und ein Kapuzenshirt. An seinen Armen hingen Veronika und Mirjam. Sam und Nathanael drängten sich zwischen Tom und Paul. Alle vier zappelten begeistert und redeten auf die beiden ein.

Jojo, der mit Lisa noch im Gottesdienstraum die Instrumente verstaut und beim Abbauen der Tonanlage geholfen hatte, blieb zögernd im Eingang zum Gemeindesaal stehen, in dem heute ein Spendenessen stattfinden würde. „Hi, dass ihr zu uns findet, ist ja super!" Er klopfte Paul auf den Rücken und klatschte seine Handfläche gegen Toms Hand. „Esst ihr mit?"

Paul schüttelte den Kopf und Tom zögerte.

Lisa war so erstarrt, dass sie nur „Hallo, na?" murmelte und langsam weiterging.

„Klar essen sie mit!", riefen die Kinder und zerrten und schoben und drängten die Gäste an einen der langen Tische, die mit Blumensträußen aus den Gärten der Gemeindemitglieder geschmückt waren und an denen ihre Eltern saßen. „Mami, Mami, das sind Tom und Paul!" – „Wir haben erst gedacht, es wären Räuber!" – „Paul ist ein supertoller Trainer!"

Den Saal füllte ein Gesumm aus Stimmen: Menschen, die einander begrüßten und lachten und vertraut miteinander redeten. Einige saßen bereits an den Tischen und tranken Saft oder Mineralwasser, andere standen in Grüppchen beieinander, wieder andere stellten sich schon am Büffet an. Teller klapperten, Besteck klirrte, Stühle wurden gerückt.

In dem ganzen Gewimmel legte Tom wie zufällig die Hand auf Lisas Schulter, ganz leicht nur. Lisa spürte, wie sie rot anlief und kleine Silberwellen über ihren Rücken rieselten.

Tom sagte: „Du hast toll gesungen. Echt stark!" Es kam zu hastig heraus, zu laut außerdem, aber dennoch brachen seine Worte den Bann.

„Oh, danke!" Sie lehnte sich ein wenig an ihn.

„Lisa singt immer für uns!", rief Veronika, und Mirjam zerrte Toms und Lisas Hände aufeinander zu, legte sie übereinander und kicherte: „Jetzt seid ihr verlobt!"

„Quatsch!" Lisa spürte den kleinen Satz wie einen heißen Nadelstich. Sie war verlobt. Aber mit Luca!

„Wir wollen eigentlich noch mit den Rädern los", sagte Paul. „Lisa, zeig uns doch bitte, wo die Toiletten sind." Er zog bedeutungsvoll die Brauen in die Stirn.

„Ach so, ja klar, kommt mit!" Lisa begriff, dass Paul ihr und Tom die Chance zu einem Gespräch geben wollte. Und sie selbst? Was wollte sie denn? Ihr Herz klopfte bis zum Hals. Was sollte sie ihm sagen? Wie das Gefühl niederkämpfen, das plötzlich wieder so heftig war wie damals im *PG*?

Sie huschte voraus und Paul schob sie geistesgegenwärtig an der Treppe vorbei, die ins Untergeschoss zu den

Toiletten führte. Tom und Lisa folgten ihm nach draußen und um die Hausecke. Bei den Fahrradständern sagte Paul: „Ihr wolltet doch eure Handynummern austauschen."

„Wollten wir das?" Tom grinste und seine Mundwinkel zuckten.

Lisa sagte nichts. Sie schluckte an diesem großen Gefühl, das ihr plötzlich stechende Kopfschmerzen machte. Sie fuhr sich mit der Hand durchs Haar und wühlte ihr Handy aus der kleinen Umhängetasche, die sie wie immer bei sich trug. Ihre Finger flogen und ihre Knie wurden weich. Schrecklich. Sie fühlte sich gleichzeitig wohl und verspannt, gab es das? Als ballten sich sämtliche Gefühle zu einem einzigen, und Lisa konnte nicht erkennen, ob sie Angst hatte oder sich freute, ob sie weglaufen oder für immer und ewig genau hier mit Tom stehen bleiben mochte.

„Klar wolltet ihr. So, und ich muss mal. Beeilt euch!" Damit ließ Paul die beiden allein.

Tom zog sein Handy aus der Jeans. „Sagst du sie mir bitte?" Es klang eher wie ein Befehl, so rau hörte sich seine Stimme an.

Lisa diktierte ihm die Nummer und Tom speicherte sie, dann gab er ihr seine Nummer, die Lisa in ihrem Handy speicherte. In diesem Moment tauchte Dave auf. „Ach, hier hast du dich versteckt, Lisa! Kommst du endlich? Wir brauchen dich beim Austeilen der Suppen. Hallo, Tom."

Er fragte nicht, ob Tom mit nach drinnen kommen wollte, und Tom presste zwischen den Zähnen heraus: „Ich warte nur noch auf Paul. Dann sind wir weg."

„Okay." Dave nickte kühl und verschwand wieder um die Hausecke.

„Tom, ich … ich muss rein. Ich …" Lisa spürte, wie ein Vulkan in ihr brodelte. Wenn Tom sie jetzt berührte, würde sie untergehen, hilflos ausgeliefert an dieses Gefühl, das sie bisher nicht gekannt hatte, gegen das sie machtlos war.

„Ich ruf dich an, okay?" Er machte eine kleine und – wie es Lisa schien – hilflose Bewegung, als wolle er sie an sich ziehen, ließ aber dann die Arme sinken. „Ich meld mich. Okay? Bald!"

Paul schlenderte heran und Lisa lief rasch an ihm vorbei ins Haus zurück. Sie schaute sich nicht mehr um. Tom hatte ihre Handynummer! Er würde sie anrufen, ihr eine SMS schicken. Erst nachdem er weg war, spürte Lisa das leichte, glückliche Gefühl.

„Was wollte der von dir?" Dave riss die Brauen hoch, dass das Weiße seiner Augäpfel hervortrat.

„Nichts." Lisa schaute rasch weg, bückte sich und stellte Teller in die Spülmaschine. „Wir haben auf Paul gewartet."

„Er hätte auch allein warten können."

„Ja, klar. Aber darf ich nicht mit Tom reden, oder was?" Sie spürte, wie sich ihre Stacheln aufstellten, als wäre sie ein Igel, der sich einrollt. „Es geht dich verdammt noch mal nichts an, mit wem ich rede!"

Lisa bereute sofort, dass sie so reagiert hatte. Gut, dass meine Eltern das nicht gehört haben, dachte sie. Für meinen Vater sind Dave und seine Eltern doch fast Heilige. Aber das ist es nicht allein: Ich darf mich nicht auflehnen, muss das Wort von Vater und Mutter ehren, sonst … Flüchtig stiegen die hässlichen Bilder in Lisas Bewusstsein auf, Bilder und Gefühle, die sie am liebsten nie, nie mehr gesehen und gespürt hätte. Das zornige Gesicht ihres Vaters, seine harten Hände, die zuschlugen. Der eiserne Griff ihrer Mutter, wenn sie Lisas Körper schüttelte. Die Tür ihres kleinen Zimmers, die sie von außen verschloss. Damit wurde ihr Zimmer zur Gefängniszelle … Nicht daran denken!

„Jetzt werd nicht gleich aggressiv, ja? Du hast dich Luca versprochen. Ich glaub nicht, dass er sehr begeistert wäre, wenn …" Dave ließ nicht locker.

„Wenn was? Wenn ich mit einem anderen Jungen rede?" Sie hielt sich die Hand vor den Mund, damit nicht noch mehr von diesen Worten herausschlüpften, Worte wie kleine giftige Schlangen. Sie hatte sich Luca ja wirklich versprochen. Und sie durfte nicht fühlen, was sie für Tom fühlte.

„Er ist keiner von uns. Er gehört nicht dazu. Wie der dich schon anstarrt, will der was von dir!"

Wieder das heftige Gefühl: Tom will mich. Sogar Dave hat es bemerkt. Ich rede mir nichts ein. Es ist wahr! Ich schwebe schon wieder! Ich schwebe auf Wolken, dachte Lisa. Und das darf ich nicht. „Pah!", machte sie nur und ihr schlechtes Gewissen brannte.

Maria schob den Geschirrwagen in die Küche. „Was ist? Zankt ihr euch?"

Lisa schüttelte den Kopf.

Dave sagte: „Es ist mal wieder wegen diesem Tom. Dass der hier aufgetaucht ist, gefällt mir nicht."

„Quatsch", sagte Maria. „Ist doch nett, dass die zwei im Gottesdienst waren."

Dave sagte nichts mehr. Sichtlich gekränkt überließ er den Mädchen die Küche.

„Der war ja mal wieder drauf", sagte Maria und reichte Lisa gebrauchte Kaffeetassen, die sie in die Maschine einräumte. „Was hatte er denn?"

„Ach, ich hab Tom noch zu den Fahrradständern begleitet, das hat ihm nicht gepasst." Als es heraus war, bemerkte Lisa ihren Fehler.

„Hast du wieder mit ihm geknutscht?" Marias Blicke voller Tadel. „Lisa, das gibt nichts. Lass es!"

„Ich hab doch gar nichts gemacht, echt nicht. Und selbst wenn, ich bin doch nicht verheiratet."

„Aber versprochen. Oder zählt das für dich nicht?" Marias prüfende Blicke, Röntgenblicke.

Hatte Maria doch mehr mitgekriegt, damals, als es anfing, im *Paradise Garden*.

Lisas Handy piepte. Eine SMS: *Hi, Lisa, muss dich unbedingt treffen. Sag, wo. Ohne die ganzen Leute. Bitte! Tom.*

„Also, nein. Jetzt hört's aber auf!" Maria hatte ihr über die Schulter geguckt und den Text auf dem Display gelesen.

„Ich mach's ja nicht. Okay?" Und Lisa wusste genau, dass das gelogen war. Rasch steckte sie das Handy ein. Ich muss dieses Gefühl abwürgen, dachte sie und gleichzeitig jubelte etwas in ihr: Ohne dich wäre ich verloren! Und damit war dieses Mal nicht Gott gemeint.

Auf dem Heimweg tippte sie ihre Antwort: *Morgen, 17:30, S-Bahn Kettwiger Stausee. Lisa.*

Am Abend die übliche SMS von Luca, die sie wie immer beantwortete. Ihr Gewissen war wieder zentnerschwer geworden. Aber wie sollte sie Luca mitteilen, was geschehen war? Sie wusste doch selbst nicht, warum Tom solche Wirbelstürme in ihr auslöste. Lisa lag im Bett und wollte beten, doch durch die dichten, dunklen Wolken, die auf ihr lasteten, konnte sie zunächst nicht zu Gott durchdringen und ihre Gedanken trieben in eine andere Richtung. Ihr Bauch fühlte sich dick an. Sie erinnerte sich kaum noch, wann sie ihre Tage zuletzt gehabt hatte. Ach was, die Tage blieben manchmal aus, wenn sie Stress hatte. Zum Beispiel vor einem Deutschtest. Deutsch, ihr Angstfach! Und daran waren die Eltern Schuld. Warum konnten sie kein richtiges Deutsch? Sie waren Deutsche, darum war ihre Familie doch aus Russland weggegangen. Aber bis heute sprachen sie mit diesem rollenden „R“ und mit falscher Grammatik und Lisa hatte das schlechte Deutsch übernommen und immer noch nicht ganz abgelegt.

Wenn sie solche Gedanken überkamen, fühlte sie sich sofort schuldig und ängstlich. So darfst du nicht über die Eltern denken, mahnte ihre innere Stimme. Denk an das vierte Gebot!, hörte sie ihren Vater sagen, und sie sah sein zorniges Gesicht vor ihrem inneren Auge, spürte seine harte Hand.

„Aber lieber Gott“, betete sie nun doch, „warum führst du mich in ein solches Chaos? Warum hab ich überhaupt solche Gefühle? Ich will doch lieb und gehorsam sein. Warum hilfst du mir nicht, dass ich nur denke und tue, was du befohlen hast? Es ist ja alles schlimmer geworden, seit ich Tom kenne. Warum nur hast du ihn noch einmal zu mir geschickt, wenn ich ihn vergessen soll? Warum fühle ich nichts mehr, wenn ich an Luca denke …?“

Sie brach ab. Luca … Seine letzten E-Mails hatten nichts in ihr zum Klingen gebracht. Sie hatte sie noch abgerufen, als sie mit Jojo allein im Gemeindezentrum war. Luca schwärmte von den Radiosendungen, in denen Heiler auftraten, die über den Äther die Kraft ihrer Gebete schickten. Von kircheneigenen Fernsehsendern, die öffentliche Krankenheilungen ausstrahlten. Seine Gastmutter arbeitete als Moderatorin und der Gastvater war selbst Prediger. Sie hatten ihn ins Studio mitgenommen. Und Luca war hin und weg.

Luca, dachte Lisa, ich hab immer zu dir aufgeschaut. Du hast gewusst, wo's langging. Aber dann hast du mir so wehgetan und ich hab mich nicht wehren können. Warum hast du das gemacht? Dein Gesicht war ganz verzerrt, als ob der Teufel in dich gefahren wäre. Und dann ist Tom erschienen, wie Jesus selbst. Tom, der weiß mindestens so viel wie du, nur hat er ganz andere Ansichten. Ich will nichts gegen uns beide tun, Luca. Ich will nur einfach hören, was er mir sagen möchte. Nichts sonst. Und dann erzähle ich ihm von dir, Luca.

Aber Lisa wusste auch, dass sie ihm von Tom nichts erzählen würde.

An diesem Montag konnte sich Lisa bei der Arbeit kaum konzentrieren. Ihr Berufspraktikum machte sie bei *Kachelöfen Kuhn und Söhne*. Einer der Söhne war Marias Vater und alle gehörten zur Gemeinde, waren wichtige Mitglieder. Lisas Vater hielt große Stücke auf die ganze Familie. Lisa interessierte sich überhaupt nicht für Kachelöfen, auch nicht für den Vertrieb, aber sie gab sich Mühe, versuchte alles richtig zu machen.

Je näher der Augenblick rückte, an dem sie die Firma verlassen und zur S-Bahn gehen würde, umso heftiger verkrampfte sich ihr Magen. Angst, das war es, Angst wie vor einer Prüfung. Oder war es das schlechte Gewissen, weil sie etwas tat, was Jesus sicher nicht guthieß? Jesus, dem sie ihr Leben anvertraut hatte, der ihr Luca an die Seite gestellt hatte, der alles sah und überwachte, was sie tat? Jesus, der so harte Dinge gesagt hatte wie: *Ich bin nicht gekommen Frieden zu bringen, sondern das Schwert.*

Vier Uhr nachmittags. Vom Strom der Menschen getrieben, die nach Hause wollten. Sie sah ihn sofort. Ein wenig vornübergebeugt, die Arme leicht nach hinten gewinkelt, die Hände in den Taschen seiner Blackjeans stand er da. Seine Augen suchten sie. Lisas Angst stieg, ging über in Panik. Ihr war so kalt, dass sie zitterte.

Da lächelte Tom. Er hatte sie gesehen und stürzte zu ihr. Seine Arme um Lisa und ihre Arme um Tom. Einander umfassen, einander in den Armen liegen. Es gar nicht geplant haben, nicht gewollt – und doch, natürlich wollten sie es beide. Sie schoben sich durch den Strom derer, die ihnen entgegeneilten. Sie hatten kein Ziel, nur den einen gemeinsamen Wunsch, den anderen nie wieder loszulassen.

Sie lachten, redeten, hielten sich im Gehen an den Händen und es war unwichtig, was sie sagten. Worte wie die Lockrufe von Vögeln oder etwas Gesungenes. Sie blieben stehen und fielen einander wieder in die Arme, hielten still, ließen sich los, nur ihre Hände verschränkt – als hätten ihre Finger nie etwas anderes getan, als sich ineinander zu verflechten. Alle Grenzen lösten sich auf und Lisas Angst ging in einem weiten, warmen Gefühl unter. Mitten in der Fußgängerzone blieben sie stehen und küssten sich.

10. Lisas Geständnis

Wann hätte ich merken müssen, dass mit Lisa ernsthaft etwas nicht stimmte? Spätestens vier Wochen nach unserem ersten Date an der S-Bahnstation, als ich sie zu mir nach Hause einladen wollte und sie so erschrocken den Kopf schüttelte?

Ich redete mir ein, dass sie halt ein bisschen rumzickte, wie Mädchen das eben taten. Obwohl – bis dahin hatte Lisa überhaupt nicht gezickt. Das war es ja, was ich so an ihr mochte. Ach, nicht nur das. Ich mochte alles an ihr: ihren hüpfenden Kleinmädchenschritt, ihre schlanke Figur, den Duft ihrer Haut, ihrer lockigen Haare, wie sie lachte und wie sie mich anschaute, oft erschrocken darüber, wie sehr uns beide die Liebe gepackt hatte. Dass Lisa schon damals ernste Schwierigkeiten mit sich und uns beiden hatte, wollte ich einfach nicht sehen.

Das erste abartige Gespräch hatten wir im November an „unserer“ S-Bahn. Und wie immer hielten wir einander umarmt und konnten uns nicht trennen. Es war noch früh am Nachmittag – Zeit genug, zu mir zu fahren.

„Warum denn nicht? Meine Eltern arbeiten doch beide. Nachmittags bin ich immer ganz allein zu Hause. Nur der Kater ist noch da“, versuchte ich sie zu überreden.

„Das darf ich nicht tun. Bitte, Tom, versteh es doch!“

„Was soll ich verstehen? Ich versteh ja alles, aber immer nur im Kino oder im Wald, das ist doch blöd. Wir können Musik hören, Tee trinken, Videos gucken, den Kater streicheln.“

Ich lachte, weil es so albern klang und auch gar nicht stimmte. Ich wollte Lisa spüren, sie küssen und streicheln, endlich ein bisschen mehr von ihr haben als das, was wir auf unseren endlosen Spaziergängen und im dunklen Kino an kleinen Knutschereien haben konnten. Wenn ich allein war, träumte ich nur noch davon. Ich brauchte nur an Lisa zu denken, sie mir vorzustellen, schon spannte meine Jeans dermaßen, dass ich den Reißverschluss öffnen und mir mit der üblichen Methode Entspannung verschaffen musste. Aber je länger unsere Beziehung dauerte, umso kindischer kam es mir vor, dass Lisa dann nie wirklich bei mir war. Die Sehnsucht nach ihrer Wärme und Nähe drückte und machte mir manchmal das Atmen schwer. Ich wollte Sex, klar, aber nicht nur für mich allein. Ich wollte ihn endlich mit Lisa zusammen erleben.

„Also, wer verbietet dir mitzukommen?"

„Jesus", sagte sie und ich spürte, dass sie zitterte. Ich hielt sie an den Oberarmen ein wenig von mir ab, damit ich ihr Gesicht sehen konnte. Lisa war bleich geworden. Ihre tintenblauen Augen hatten plötzlich eine erschreckende Tiefe.

Ich lachte. Es klang schroff, ich weiß. Ich hätte nicht lachen sollen. Und ich hätte nicht sagen dürfen, was ich im Unverstand sagte: „Jesus hat vor mehr als zweitausend Jahren irgendwo in Palästina gelebt. Er kann dir doch nicht verbieten, mich zu Hause zu besuchen." Ich wusste doch, dass Lisa an Gott, Jesus, Engel, Teufel und was sonst noch alles glaubte. Aber ich hatte mir nie klargemacht, was es für sie bedeutete und wie sehr dieser ganze Glaubenswust ihr Denken beeinflusste.

„Oh doch, das kann Jesus", sagte Lisa so ernsthaft, dass es mir durch und durch ging und ich sie losließ. „Er ist unser Herr. Er will, dass wir uns füreinander bewahren. Vor allem, wenn …“, sie zögerte, „wenn wir versprochen sind.“

„Wie … versprochen?“

Aber Lisa sprach nicht weiter, sie schluchzte. Es schüttelte sie richtig. Ich packte wieder ihre Arme, ihre Schultern, ich drückte fester zu, als ich wollte. Lisa wehrte sich nicht.

„Wem hast du was versprochen?“ Und indem ich es aussprach, ahnte ich, was sie mir sagen würde, was sie mir schon seit dem Tag im *Paradise Garden* hätte sagen sollen. Es gab ihn wirklich und real, einen anderen Jungen, einen von diesen frommen, blutarmen Typen. Und dem hatte sie Treue versprochen. Gesichter rasten an mir vorbei. War es der supermoralische Dave? Oder wenigstens der halbwegs nette Jojo?

Mein Bus hielt. Ohne nachzudenken, schob ich Lisa hinein. Wir mussten endlich Klartext reden und das konnten wir hier nicht. Verheult, wie Lisa war, ließ sie mich machen. Die Fahrt über starrte sie aus dem Fenster und schwieg wie ein bockiges Schaf. Ich lotste sie zu unserem Haus, schob sie durch den Vorgarten und schloss die Haustür auf. Ich nahm ihr die Jacke ab, hängte beide Jacken an die Garderobe – langsam, in Zeitlupe, als gäbe es nichts Wichtigeres auf der Welt als diese Handgriffe.

Mein Zimmer war jetzt natürlich tabu. Also ins Wohnzimmer. Lisa atmete tief durch, und ich sah das Haus meiner Eltern plötzlich mit ihren Augen: die weiten Räume, den großzügigen Schnitt. Die Möbel, die mir immer selbstverständlich und normal erschienen waren, verwandelten sich in bedrückend wertvolle Gegenstände.

Das neue lederne Ecksofa mit den verstellbaren Rückenlehnen wirkte angeberisch, das schöne alte Klavier mit den Messingkerzenhaltern ebenso wie der schwere Glastisch, die Figuren aus China, die wir von einer Reise mitgebracht hatten, die Originalgemälde an den Wänden. Die großen frischen Blumensträuße, die meine Mutter in gläsernen Bodenvasen überall herumstehen hatte. Der ganze edle Mix aus antiken und modernen Möbeln riss eine Kluft auf zwischen meinem Zuhause und der Umgebung, in der Lisa wohnte, das spürte ich plötzlich, obwohl ich nie bei ihr zu Hause gewesen war.

„Setz dich erst mal, Lisa. Komm, ich bin's doch, Tom." Ich schob sie in die Sofaecke gegenüber dem Kamin. Mit beiden Händen drückte ich ihre Schultern gegen die Rückenlehne und schaute ihr ins Gesicht. Es war vom Weinen verquollen. Sie schaute mich nicht an, ihre Lider mit den langen Wimpern wölbten sich wie entzündet über den Augäpfeln.

Dass sie so hilflos war, zog mich erst recht zu ihr hin. „Ich mach uns Tee und dann erzählst du mir alles. Okay?"

Sie schwieg noch immer.

„Oder willst du mit in die Küche kommen? Hier, gleich nebenan." Ich zeigte auf den offenen Durchgang neben dem Essplatz. Lisa schüttelte den Kopf, und als ich sie endlich losließ, suchte sie in ihrer Umhängetasche nach einem Taschentuch. Ich hörte, wie sie hineinschnaubte, während ich Teewasser aufsetzte.

Sie tat mir so unendlich leid. Es war, als könne ich ihren Schmerz mitfühlen. Nur wusste ich ja immer noch nicht ganz genau, was ihr so wehtat.

Ich stellte die Teekanne auf das Stövchen, packte Kekse aus und trug das Tablett mit Tassen und Keksen zum Glastisch in der Sitzecke. Ich schenkte uns beiden grünen Tee ein und fragte Lisa, ob sie Zucker wolle. Lisa schüttelte den Kopf. Immerhin trank sie einen Schluck und schaute mich endlich wieder an.

„Er heißt Luca", stieß sie heraus wie eine Drohung.

Fast hätte ich schon wieder gelacht. Stattdessen fragte ich blödsinnig: „Na und?"

„Nichts, na und. Ich habe ihm vor der ganzen Gemeinde versprochen, dass ich auf ihn warten will, ihm treu bleiben, bis er aus den USA zurückkommt. Und jetzt ..." Sie schluchzte, schnaubte in ihr Taschentuch und sagte leise: „Jetzt sitze ich hier mit dir und bin der schlechteste, sündigste Mensch überhaupt."

Das also war es, was Lisa abschreckte und traurig machte! Ich wollte sie in den Arm nehmen, musste beinahe lachen, weil mir „sündig" wie ein abartiger Ausdruck vorkam, den ich überhaupt nicht ernst nehmen konnte, aber Lisa rückte demonstrativ von mir ab. „Ich kann nicht mehr, Tom. Wir müssen Schluss machen. Ich kann einfach nicht mehr."

„Und warum machst du nicht mit Luca Schluss?"

Sie wischte sich mit dem Handrücken Tränen von den Backen und verwischte endgültig ihre Wimperntusche. Mit den schwarzen Schlieren sah sie noch anrührender aus. „Das darf ich nicht. Ich hab ihm doch vor Gott Treue geschworen."

„Ja, aber dieser Gott, der hat doch auch ...", ich wusste nicht, wie ich es ausdrücken sollte, „... uns beide zusammengeführt." Im selben Augenblick bemerkte ich, dass ich mich schon genauso anhörte wie der Prediger in Lisas Gemeinde.

Denn natürlich hatte uns kein Gott zusammengeführt, sondern das Unwetter, das Paul und mich auf unserer Radtour im Taubertal überrascht hatte. Okay, es kam auf den Blickwinkel an. Wenn man, wie Lisa, davon ausging, dass ein allwissender, allmächtiger Gott von seiner Himmelsburg aus das Lebensschicksal jedes einzelnen Menschen lenkte, dann war es kein Zufall gewesen. Dann hatten irgendwelche Engel Paul und mich in den *Paradise Garden* geführt, damit Lisa und ich einander trafen. Sollte ich Lisa genau das einreden, obwohl ich nicht daran glaubte? Würde ich sie damit überreden können, dass sie mit Luca Schluss machte? Ich hasste diesen Kerl. Sollte ich ihm jemals begegnen, würde ich ihn zum Duell herausfordern!

Lisa stand auf und zog ihren grauen Kapuzenpulli über die Hüften. „Tom“, sagte sie mit einer ganz kleinen Stimme, „ich möchte jetzt gehen, bitte.“

„Bleib, Lisa“, sagte ich. „Bitte geh noch nicht. Erklär es mir. Bist du verliebt in Luca? Und was ist dann das mit uns?“ Ich redete viel zu schnell und zu viel.

Lisa war schon im Flur. „Ich bete für uns beide“, sagte sie statt einer Antwort und öffnete die Tür.

11. Glaubensfragen

Sie ging einfach. Lisa ging durch den Vorgarten zur Straße. Ich lief ihr nach, packte sie an den Schultern, aber sie machte sich so entschieden und heftig los, dass ich wie ein Idiot dastand. Ich war wie betäubt. Spürte weder Schmerz noch Zorn. Ich konnte einfach nicht glauben, dass sie das tat. Erst, als ich wieder im Haus war, spürte ich, wie der Schmerz in mir hochstieg. Ich lehnte meine Stirn an den Türpfosten und schlug sie ein paarmal gegen das Holz. „Warum denn, Lisa!?“ Meine Stirn schmerzte, ich hämmerte mit der Faust gegen den Türpfosten. „Wegen Luca? Wegen einem Typen, in den du ganz bestimmt nicht verliebt bist? Du kannst gar nicht in ihn verliebt sein, weil du mich liebst, mich, mich, mich!“, schrie ich verzweifelt.

Die Hand tat mir weh. Ich ließ mich im Türrahmen auf den Boden gleiten, winkelte die Knie an und stemmte die Ellbogen darauf. „Und sag bloß nicht, dass du mich wegen Gott oder Jesus oder wegen beiden verlassen hast. Das glaub ich dir nicht. Das redest du dir nur ein! Hörst du?“

Lisa war nicht mehr da. Natürlich hörte sie nicht, was ich da rief. Plötzlich überfielen mich die Bilder aus jenem Gottesdienst wie ein Schwarm Fledermäuse: Lisa, wie sie vorn auf der kleinen Bühne stand und sang, Lisa, wie sie am Tisch im *Paradise Garden* die Hände faltete und mit geschlossenen Augen betete.

Jesus, hatte sie gesagt, sei ihr Herr. Was um alles in der Welt ging hinter Lisas Stirn vor sich? Ich spürte eine so heftige Eifersucht, dass ich fast verbrannte, Eifersucht auf all die Typen der Gemeinde, mit denen Lisa etwas teilte, zu dem ich keinen Zugang hatte.

Ich sprang auf und lief wie ein Tiger im Käfig durchs Haus. Ich riss meine Lieblings-CDs aus dem Ständer, dröhnte mich mit Musik zu. Es half nichts. Es wurde nur noch schlimmer. Je länger Lisa weg war, umso aufgewühlter und zerrissener fühlte ich mich. Schließlich schickte ich ihr eine SMS. Ich schrieb, dass ich sie lieb hätte und dass wir noch einmal über alles reden sollten. Für wenige Minuten beruhigte sich mein innerer Aufruhr. Ich hoffte, Lisa würde antworten. Aber sie tat es nicht. Ich wartete, ich rief laut vor mich hin: „Komm schon, Lisa, antworte, na mach schon, du musst doch spüren, wie es mir geht! Schreib mir, dass du mich auch lieb hast. Komm zurück!"

Die Zeit schleppte sich in den Nachmittag hinein. Ich rief Paul übers Festnetz an, das Handy griffbereit, falls Lisa doch noch antworten würde. Wenigstens er war zu Hause. Ich erzählte ihm, dass ich Lisa hierhergelockt hatte und dass sie mich nun endgültig verlassen hatte.

„Mann, Alter, du machst vielleicht Sachen!", sagte er. „Du hättest das viel softer angehen müssen. Pass auf, ich komm vorbei und wir joggen eine Runde. Okay?"

Also joggten wir kreuz und quer durch den Buchenwald und in die Felder und Hügel zwischen Essen und Heiligenhaus. Ich wiederholte schon zum dritten Mal, wie ich Lisa in den Bus gepackt und zu mir nach Hause gelotst hatte.

„Calm down", sagte Paul, der langsam neben mir hertrabte. „Die kommt wieder, die muss sich erst mal sortieren. Ich kenn doch die Mädels." Er lachte.

Klar kannte Paul „die Mädels", aber dass Lisa etwas Besonderes war, dämmerte ihm anscheinend auch. „Ist ja auch ein Ding, das mit diesem Luca", sagte er nachdenklich. „Solche Versprechen nehmen die Fundis total ernst. Und dass sie überall den Herrn Jesus zitieren, gehört auch zu ihrer engen Frömmigkeit. Deine Lisa steht unter Stress, das kannst du mir glauben. In der Gemeinde wissen doch alle, dass sie zu Luca gehört, da kann sie nicht einfach so mit ihm Schluss machen."

Das tröstete mich nicht. „Warum hat sie mir nicht von Anfang an gesagt, dass es diesen Typen gibt? Sie hat mich doch total auflaufen lassen." Inzwischen hatte sich mein Schmerz in Wut verwandelt. Wie konnte sie mich nur so linken? Sie hätte mir gleich, sofort, schon bei unserem ersten Spaziergang von Luca und ihrem Versprechen erzählen müssen! Dass sie erst jetzt mit dem Herrn Jesus ankam, war doch irgendwie typisch für diese Ultrafrommen, da hatte Paul schon recht.

Aber eine Lösung für mein Problem hatte er nicht. Und über den Jesuskram und sonstige Glaubensfragen wollte er nicht mehr reden. Er fand auch nicht, dass Lisa mich hintergangen hätte.

Allmählich ärgerte ich mich zu allem Überfluss noch über meinen besten Freund. Als wir uns trennten, klopfte er mir auf die Schulter und mit einem „Mach's gut, Alter!" überließ er mich den verletzten Gefühlen, die in mir tobten.

Meine Mutter war schon zu Hause. Sie sah mir sofort an, dass etwas nicht stimmte. „Geht's nicht so gut?", fragte sie, während sie die Einkäufe fürs Abendessen auspackte und Frischmilch, Eier, Quark und Joghurt in den Kühlschrank räumte.

„Frag einfach nicht", knurrte ich und deckte den Tisch für uns beide, denn Pa war die Woche über auf einem Pharmakongress in Wien.

Wir aßen Antipasti und warmes Fladenbrot, frische Gurken, Mozzarella-Tomaten und Möhrenstifte. Natürlich erzählte ich ihr dann doch, dass Lisa mich verlassen hatte, weil Jesus nicht erlaubte, dass sie mit Luca Schluss machte. Ma wusste zwar, dass es Lisa gab. Aber sie hatte nicht annähernd geahnt, wie tief das Gefühl bei mir saß. Wir hatten länger nicht richtig miteinander geredet. Dafür war ich zu sehr mit Lisa beschäftigt gewesen und damit, immer neue Plätze zu finden, an denen wir uns treffen konnten.

„Sehr schwierig", sagte Ma und zupfte ein Stück Brot auseinander. „War dir nicht klar, wie ernst Lisa ihren Glauben nimmt?"

„Aber es ist doch hirnrissig. Ich kann das jedenfalls nicht ernst nehmen, kein normaler Mensch kann das!"

„Wir haben dich vielleicht viel zu …", sie suchte nach einem passenden Wort, „… indifferent erzogen, was Religion und Glauben betrifft." Nach einer kurzen Pause fuhr sie fort: „Dass Lisa an Gott glaubt, muss ja nicht von vornherein falsch und schlecht sein. Niemand weiß, ob es einen Gott gibt oder nicht. Und an eine höhere Macht zu glauben, kann sehr hilfreich sein. Ich weiß das von meinen Patienten. Gläubige Menschen kommen mit einer schweren Krankheit und mit dem Sterben überhaupt oft besser zurecht als Atheisten, eben weil sie daran festhalten, dass sie Gott ganz persönlich ihr Schicksal anvertrauen können, dass er ihnen Kraft gibt, auch Leid zu ertragen. Also ich hab das manchmal als ausgesprochen anrührend erlebt."

Ich konnte meiner Ma ansehen, wie Bilder an ihrem inneren Auge vorbeizogen. Sie trank einen Schluck Wasser. Dann schaute sie mich an. „Hast du dich denn mal informiert, was das überhaupt für eine Gemeinschaft ist? Eine Sekte?"

Ich erzählte ihr von meinem und Pauls Besuch im Gottesdienst: „Sie nennen sich einfach nur *Gemeinschaft Freier Christen* oder so ähnlich. Die Leute sind eigentlich total nett und jeder kennt jeden. Der Gottesdienst ist – na ja ..." Ich machte eine abwägende Handbewegung. „Ich würde mal sagen, na ja, eben nicht gerade höchstes Niveau. Aber danach begrüßen sich alle. Sie essen Mittag oder trinken Kaffee zusammen und reden. Ich hab mich gewundert, wie viele Leute in meinem Alter dort herumlaufen. Okay, die meisten sind nicht gerade mein Fall, aber na ja ..." Ich merkte selbst, wie zwiespältig ich war.

„Wahrscheinlich hätten wir wirklich mehr Wert darauf legen sollen, dass du dich mit einer der großen kirchlichen Formen identifizierst." Ma klang sehr nachdenklich. „Aber dein Vater war schon Atheist, als ich ihn kennenlernte. Ein Philosoph war er nicht. Denn er hat die Erkenntnisse der Naturwissenschaften nie infrage gestellt. Und ich ..."

Wieder suchte sie nach den richtigen Worten. Sie lächelte mich sogar ein bisschen hilflos an, strich sich das kastanienfarbene Haar aus der Stirn und sagte: „Ich hatte so meine Probleme mit den Ritualen und der Geschichte der Katholischen Kirche. Ich war erleichtert, als ich endlich den Sprung ins Nichts gewagt hatte. Den Kirchenaustritt. Doch, ich war erleichtert damals. Und dir wollten wir einfach von vornherein ersparen, dass du von diesen christlichen Ideologien und Moralvorstellungen geprägt wirst. Vielleicht war das falsch. Vielleicht geht das gar nicht. Wir leben nun mal im christlichen Abendland. Unsere Kultur ist seit zwei Jahrtausenden griechisch-römisch-christlich geprägt." Sie drehte ihr Wasserglas in den Händen und holte tief Luft. „Wahrscheinlich ist es gar nicht möglich, wirklich frei und unbelastet seinen eigenen Weg zu finden." Sie trank das Wasser aus und stand auf. „Isst du noch was?"

„Nein, danke, ich bin fertig", sagte ich und half ihr beim Abräumen des Tisches.

Während wir Teller und Gläser in die Spülmaschine räumten, fragte mich Ma: „Sprichst du eigentlich mit Paul darüber? Ich meine, über diese spezielle Freikirchensache? Seine Mutter war doch selbst mal involviert."

„Klar reden wir darüber. Paul war doch auch mit in diesem Gottesdienst. Aber Ma, mein Problem ist nicht, wie ich plötzlich ein gottgläubiger Mensch werde, sondern wie ich Lisa aus diesem göttlichen Gefängnis befreie." Ich musste lachen.

„Ach du meine Zeit!" Auch Ma lachte herzlich. „Da hast du dir ja ganz schön was vorgenommen!"

Dass auch Lisa etwas vorhatte, ahnte ich an diesem Abend noch nicht.

12. Das Hohelied der Liebe

Lisa konnte nicht einschlafen. Wie die Zahnräder eines Uhrwerks verhakten sich ihre Gedanken, ratterten und quälten sie. Der gewohnte Lärm vorbeifahrender Autos auf der nahen Schnellstraße ließ bereits nach. Unerbittlich hell und kalt schien der Mond durch die Gardinen. Ihr Bauch schmerzte. Seit Tagen hatte sie eine leichte Schmierblutung. Aber es wurde keine richtige Regelblutung daraus.

„Bitte, Vater im Himmel", betete sie und wusste selbst nicht mehr, wie oft in dieser Nacht sie schon mit diesen Worten den Himmel bestürmt hatte. „Hilf mir! Ich muss mich entscheiden. Und ich will Luca nicht verletzen. Aber du weißt, dass es nicht nur darum geht, guter Vater! Ich kann Maria und Dave nicht mehr in die Augen sehen, wenn ich mich jetzt für Tom entscheide, und es geht schief, weil wir in so vieler Hinsicht nicht zusammenpassen. Tom glaubt nicht an dich, lieber Vater, das spüre ich. Er denkt, dein Sohn, Jesus, sei nur ein Mensch gewesen. Dass ihr eins seid, begreift er nicht. Hast du mir Tom nur geschickt, weil du meine Liebe zu Luca prüfen willst? Dann sag es mir. Und ich reiße mir alle Gefühle aus dem Herzen! Sprich zu mir, Gottvater!"

Aber sooft sie ihr Gebet auch wiederholte, Gott antwortete nicht. Und so lag Lisa wach, horchte auf das Zischen der wenigen Autos, die noch an irgendein nahes oder fernes Ziel eilten, und drehte sich von einer Seite auf die andere.

Die Sätze, die ihr aus dem Bibeltext entgegengesprungen waren, als sie, wie so oft, nach einer stillen Bitte um

Antwort mit geschlossenen Augen die Bibel aufgeschlagen hatte, bohrten sich immer wieder in ihr Bewusstsein und bedrohten sie. Ein Text aus dem Propheten Jeremia, Kapitel 3, Vers 2–4:

Hebe deine Augen auf zu den Höhen und sieh, wo du allenthalben dich preisgegeben hast! An den Wegen sitzt du und lauerst auf sie wie ein Araber in der Wüste und machst das Land unrein mit deiner Hurerei und Bosheit … Du hast eine Hurenstirn, du willst dich nicht mehr schämen. Und schreist jetzt zu mir: „Lieber Vater, du Vertrauter meiner Jugend!“

War das die Antwort Gottes? Hatte der liebe Vater im Himmel sie schon verstoßen, weil sie sich in sündiger Liebe mit Tom verbunden hatte? Lisa wischte sich kalten Schweiß von der Stirn. Ihre Füße fühlten sich an wie Eisklumpen, ihr Herz raste. Sie machte Licht, griff nach der Bibel, las immer wieder dieselbe Stelle.

Wenn ich doch nur mit jemanden darüber reden könnte, dachte sie verzweifelt. Ich kann doch Luca nicht erzählen, dass ich mich mit Tom treffe und wir uns küssen und dass ich mich so sehr danach sehne, von ihm berührt zu werden.

Beim bloßen Gedanken an Tom spürte Lisa das schändlichste aller Gefühle: dieses helle, wilde Pochen, das sie manchmal zwang den eigenen Körper zu befriedigen. Dabei verbot Gott doch ausdrücklich, dass Frauen überhaupt solche Bedürfnisse hatten – auch wenn in der Bibel nichts darüber geschrieben stand. Maria kennt das bestimmt nicht, dachte Lisa. Wahrscheinlich bin ich die einzige Verfluchte, die sich nicht beherrschen kann. Bei Luca hatte Lisa ihren Körper nie so fordernd gespürt. Sie war kühl und wie eingefroren gewesen.

Rein war ich, klar und rein – so, wie Gott mich haben wollte. Frei von sündigen Gedanken, dachte Lisa. Einmal hatte Luca ihr gestanden, dass er jedes Mal unter die kalte Dusche ging, wenn er sich nach ihr sehnte. Sex vor der Ehe war absolut tabu für ihn. Luca, lieber Luca, schoss es Lisa durch den Kopf, warum bin ich nicht wie du? Warum ist mir dieser Tom begegnet? Und sekundenlang hasste sie Tom dafür, dass sie ihn gegen ihren Willen liebte.

Wieder wälzte sie sich, schob ihre eisigen Füße unter die Decke, wickelte sich gleich darauf aus, weil ihr übriger Körper fieberheiß brannte. Sie sah Toms schmales Gesicht vor sich, seine weichen roten Lippen. Sie spürte seine Hände und fühlte ihre eigene Sehnsucht.

War sie doch eingeschlafen? Als der Wecker klingelte, fühlte sie sich zerschlagen, zerbrochen, elend. Ihr Kopf schmerzte und ihr Hals war innen ganz rau. Aber sie musste aufstehen und in die Schule fahren. Zu Hause bleiben? Unmöglich! Lisa duschte so heiß wie möglich, rubbelte und massierte ihre Haut, föhnte ihre Locken und schminkte die Schatten unter ihren Augen weg, so gut es eben ging. Ehe sie zum Frühstück ins Esszimmer huschte, wickelte sie sich ihren dunkelblauen Strickschal um den Hals. Die anderen warteten schon auf sie.

Wie immer vor den Mahlzeiten sprach ihr Vater ein kurzes Gebet, in dem es um Schutz und Begleitung für den Tag ging. Diesmal fügte er hinzu: „Und behüte ganz besonders die Wege meiner Tochter Lisa, denn ihr Fuß beginnt zu straucheln und ihre Schritte entfernen sich von dir."

Lisa zuckte innerlich zusammen und fühlte, wie ihre gefalteten Hände blutleer wurden. Den biblischen Ton kannte sie zwar, aber für sie hatte der Vater schon lange nicht mehr in dieser Weise gebetet, eher für ihre Brüder, deren aufmüpfiges Benehmen er oft „niederbeten" musste, wie sie das hinter seinem Rücken nannten. Sie drucksten auch jetzt herum und Lisa sah, dass sie sich Mühe gaben, nicht zu lachen. Das Gesicht ihrer Mutter wirkte verschlossen, als beiße sie auf die Zähne, um ja keinen ihrer Gedanken herauszulassen.

Hastig trank Lisa ihren heißen Tee mit Milch und Zucker. Sie schaute kaum auf, traute sich nicht zu fragen, was genau ihr Vater mit seinen geschraubten Worten gemeint hatte. Also sprach niemand weiter darüber. Erst als sie mit den Brüdern zur S-Bahn lief, sagten sie es ihr: Dave hatte die Eltern informiert, dass Lisa mit einem gewissen Typen knutschend in der Stadt gesehen worden war. Und das nicht nur einmal. Ihre Brüder fanden das cool. Lisa aber wäre vor Scham beinahe im Erdboden versunken, wenn das möglich gewesen wäre.

Während des Unterrichts schweiften ihre Gedanken immer wieder ab: Wer hat uns gesehen? Maria? Die hätte mich doch sofort darauf angesprochen! Jojo? Aber Jojo würde mich nicht verpetzen. Oder doch, weil er eifersüchtig ist? Lisa nagte an ihrer Unterlippe, drehte Rollen in die Spitzen ihrer Haare. Sie versuchte, sich auf die Aufgabe zu konzentrieren, die der junge Physiklehrer gerade an die Tafel schrieb, aber immer wieder tauchten

Gesichter der Gemeindemitglieder vor ihrem inneren Auge auf und schauten sie mahnend und strafend an.

In der großen Pause hakte sich Cindy bei Lisa unter. Cindy, die Klassensprecherin, die Wortführerin, das beliebteste Mädchen der Klasse. Lisa wusste, dass sie ohne Cindy bei ihren Mitschülern überhaupt keine Chance bekommen hätte. Auch so blieb sie mehr oder weniger draußen, das spürte sie. Zum Teil lag es daran, dass ihre Familie aus Kasachstan kam, aber das stimmte eben nur zum Teil. Aysche war sehr beliebt, obwohl sie Türkin war. Okay, bei den Jungs hatte Lisa vielleicht Chancen, weil sie gut aussah. Aber Jungs in ihrem Alter interessierten sie nicht. Die Mädels mochten Lisa nicht besonders, das spürte sie jedes Mal deutlich, wenn sie von Jesus sprach und davon, dass man sich ihm anvertrauen, sich zu ihm bekennen musste, um ein glücklicher und erlöster Mensch zu sein. Dann rückten die anderen innerlich von ihr ab, als hätte sie eine ansteckende Krankheit. Cindy war anders. Cindy glaubte wenigstens an Gott, auch wenn sie nicht zu den entschiedenen Jesus-Anhängern gehörte, sondern einfach, wie sie es nannte, „ganz normal evangelisch“ war.

Die meisten in Lisas Klasse waren irgendwie „ganz normal“ katholisch oder evangelisch. Sie waren als kleine Kinder getauft worden, hatten am jeweiligen Religionsunterricht teilgenommen, waren entweder zur Kommunion gegangen und später gefirmt worden oder hatten den Konfirmandenunterricht absolviert und waren konfirmiert worden. Bei vielen – das hörte Lisa aus den Gesprächen deutlich heraus – war die Konfirmation auch der Abschluss ihrer kirchlichen „Laufbahn“ gewesen.

Über Gott und Jesus und den Glauben sprachen sie kaum.

Lisa hatte oft das Gefühl, in zwei sehr unterschiedlichen Welten zu leben. Die äußere Welt, ihre Schulwelt, passte kaum zu der wichtigeren anderen, der Bibelwelt, der Jesuswelt, die sie mit ihren Eltern und der Gemeinde teilte. Aber gerade darum musste sie kämpfen, dass auch die anderen, die nicht an Jesus glaubten, aus der äußeren Welt heraustraten und nach innen kamen, dass Jesus sie retten und erlösen konnte, weil sie sich ihm ergaben. Leider waren Lisas Bekehrungsversuche bisher gescheitert. Die anderen lächelten über sie oder tippten sich an die Stirn. Sie verstanden nicht, was sie ihnen sagen wollte, und verschlossen ihre Herzen.

Cindy sah Lisa besorgt an. „Geht's dir nicht gut?"

Stumm schüttelte Lisa den Kopf, warf ihre Locken zurück und kämpfte gegen die Tränen. Aber sie drückten so heftig, dass Lisa den Kampf verlor.

„He, Lisa, komm mal her!" Cindy nahm sie einfach in die Arme, hielt sie länger als gewöhnlich fest, drückte und streichelte sie. Das tat Lisa gut, auch wenn sie natürlich hörte, wie Lars und Jannik im Vorbeigehen was von „voll die Lesben" spöttelten und Carolin, Jessika und Tina sich an die Stirn tippten und anfingen zu tuscheln.

„Lasst uns mal, wir müssen was besprechen", rief ihnen Cindy in ihrem berühmten Klassensprecher-Tonfall nach. Dann wandte sie sich wieder Lisa zu: „Ist es wegen Tom? Hat er Schluss gemacht?"

Natürlich wussten die anderen längst, dass Lisa mit Tom ging. Oft genug hatten sie die beiden beim Abschiedsknutschen an der Bushaltestelle gesehen. Wenn

Tom an der Haltestelle Kettwig-Stausee von der S-Bahn in den Bus zur Laupendahler Höhe umstieg, warteten sie aufeinander. Inzwischen kannten beide den Stundenplan des anderen auswendig.

Von Luca wusste nur Cindy. Und auch nur, weil Lisa ihr in einer schwachen Minute von ihm erzählt hatte. Lisa und Luca hatten sich immer nur in der anderen – der „Gemeindewelt" – getroffen, in der Jugendlounge oder in den Hauskreisen bei der Bibelarbeit. Niemals hätte Luca Lisa öffentlich umarmt und vor allen anderen geküsst, wie Tom es tat.

„Nein, ich hab mit ihm Schluss gemacht, weil er …", Lisa wischte sich mit dem Handrücken die Tränen ab und zog die Nase hoch, „… weil er nicht einsieht, dass Jesus uns … Sex vor der Ehe nicht erlaubt. Tom glaubt an überhaupt nichts."

„Okay. Hab schon verstanden." Cindy lockerte ihre Umarmung und schob Lisa über den Schulhof, als hätten sie gewöhnliche Probleme zu besprechen, wie verpfuschte Mathe- oder Englischtests. „Wie weit seid ihr denn? Petting?"

Lisa zuckte zusammen. „Nee, nein, nein, noch gar nicht. Ich hab doch Luca noch nicht mal was davon gesagt. Ich kann einfach nicht mehr."

„Bist du in beide verknallt?"

Am liebsten hätte Lisa laut gerufen, dass sie überhaupt nicht und sowieso in keinen von beiden verknallt sei, und vor sich und Cindy alles abgestritten, aber das konnte sie nicht. „In Luca war ich nie …", platzte es stattdessen aus ihr heraus. „Aber mit Tom, das ist … einfach der totale Wahnsinn."

„Dann geh zu ihm zurück und klär das mit Luca. Hey, Lisa, jetzt glaub mir doch, Jesus war doch kein vertrockneter Prediger. Er hat die Menschen verstanden und hatte sie lieb. Also, ich weiß jetzt nicht genau, wo das in der Bibel steht, aber es gibt ein total schönes Lied über die Liebe. Wir haben das im Konfi gelernt."

„Du meinst 1. Korinther 13, das Hohelied", sagte Lisa überrascht, denn Cindy sprach kaum jemals so direkt darüber, dass sie sich in der Bibel auskannte.

„Hätte ich aber die Liebe nicht, so wäre ich nichts", zitierte Cindy aus dem Gedächtnis. Es schellte. Die beiden Mädchen schoben sich ins Gedrängel im Treppenhaus.

Ich liebe Tom wirklich, dachte Lisa. Vielleicht hat Cindy ja recht und Gott will, dass meine Liebe Tom zu Jesus führt. Dieser Gedanke machte sie augenblicklich so überwältigend glücklich, dass sie zehn Zentimeter über dem Boden schwebte.

13. Himmel und Hölle

Da stand sie. Lisa, meine Himmlische! So unerwartet stand sie da an diesem trüben, nieseligen Novembernachmittag, dass ich kaum glauben konnte, was ich sah, denn wir hatten fast zwei Wochen lang nichts mehr voneinander gehört. Aber ja, aber nein, aber doch, sie war es wirklich!

Sie stand auf dem Steinplattenweg vor der Stufe zur Haustür, als sei sie plötzlich nicht mehr sicher, ob sie auch wirklich hereinkommen wollte. So zögernd stand sie da in ihrem grauen Kapuzenmäntelchen, die dünnen Beine in Jeans und Stiefeln, die langen goldfarbenen Haare kringelig vor Nässe. Ich hatte ganz vergessen, wie zerbrechlich Lisa wirkte. Seit dem Sommer hatte sie sich verändert. Sie hatte abgenommen und ihr Gesicht war schmaler geworden. Jetzt schaute sie mich mit ihren großen blauen Augen an, als habe sie zwei Wochen lang geweint.

„Komm rein", sagte ich und schluckte. Mein Mund fühlte sich plötzlich trocken an, mein Herz wummerte. Die ganze Zeit hatte ich versucht Lisa zu vergessen. Nicht überall und ständig an sie zu denken. Ich hatte alles angehäuft, was gegen Lisa sprach. Ich hatte sie dumm und naiv gemacht, zickig und krankhaft religiös. Ich hatte mir eingeredet, sie gefalle mir gar nicht wirklich und ich sei auf keinen Fall in sie verliebt, was auch immer mich in den vergangenen Wochen zu ihr hingezogen habe, seien blöde, unwirkliche Scheingefühle gewesen. Ich war kurz davor gewesen, mir all das zu glauben, und nun betrat die wirkliche Lisa unser Haus.

Ich zog ihr den feuchten Mantel aus, hängte ihn an die Garderobe und Lisa schlüpfte wortlos aus ihren hohen Stiefeln. „Komm“, würgte ich heraus, versuchte, sie nicht in meine Arme zu nehmen, cool zu sein. Neutral abzuwarten, was Lisa mir zu sagen hätte.

Im Wohnzimmer setzte sie sich in den Ohrensessel. Sie schlug die Beine übereinander und drehte Rollen in ihre Haare. „Eigentlich wollte ich gar nicht kommen“, sagte sie. „Es ist nur, weil … Ich …“ Sie sah mich an und verstummte.

Ich saß ihr gegenüber auf der Couch und grinste sie dämlich an. Wie lange wir so befangen herumhockten, weiß ich nicht mehr. Irgendwann fragte ich, ob sie Tee oder Kaffee trinken wolle, und als ich aufstand, musste ich am Sessel vorbeigehen und konnte es nicht.

Mein Verstand setzte so plötzlich aus, dass ich erst nachträglich begriff, was ich getan hatte oder was ich geschehen ließ oder – ich weiß nicht. Es geschah einfach zwischen Lisa und mir, ohne dass wir es wollten. Wir umarmten einander so heftig, zärtlich, wild, wir lagen auf dem Wohnzimmerteppich und meine Hand glitt dorthin, wo Lisa sie bisher nie geduldet hatte. Jetzt ließ sie zu, dass ich den Reißverschluss ihrer Jeans öffnete, und ihre Finger öffneten meine Jeans. Was wir taten, war der reine Wahnsinn, die pure Verzweiflung, wir stürzten ineinander und holten kaum Luft zwischen unseren Küssen. Dann lagen wir erschöpft nebeneinander und ich angelte nach den Papierservietten auf dem Couchtisch, um meine und Lisas Hände abzuwischen.

Lisa stützte sich auf den Ellbogen, beugte sich über mich, begrub mich unter ihren Haaren und weinte. Ich legte meine Arme um sie und streichelte ihren Rücken. Ich hätte noch lange so entspannt liegen und das zufriedene Gefühl genießen können, das sich beinahe wie Glück anfühlte. Lisas Kopf lag auf meiner Brust, sie war zu mir gekommen, wir hatten endlich getan, was wir schon seit Wochen tun wollten. Aber Lisa weinte immer heftiger, es schüttelte sie so, dass ihr ganzer Körper bebte.

„Was ist denn, Lisa? Ist doch alles gut! Ist doch nichts passiert!“, murmelte ich in ihr Haar. Ich hätte sie noch endlos lange halten, streicheln und trösten können, aber Lisa riss sich so plötzlich aus meinen Armen, dass ihr Kopf hart gegen mein Kinn stieß.

„Nichts ist gut, Tom. Nichts! Wir hätten es niemals tun dürfen! Ich habe Schuld auf mich geladen. Ich habe mein Wort gebrochen, dabei wollte ich dir nur sagen …“

„Ach was“, sagte ich lahm. „Was wir gemacht haben, ist doch nicht schlimm. Das war doch nichts weiter. Wir haben doch gar nicht richtig miteinander geschlafen. Du, das gilt doch gar nicht. Ich hab dich lieb, Lisa. Ich bleib ja bei dir. Komm, sei ganz ruhig, ich beschütz dich doch. Hör einfach nicht auf Leute wie Dave und Maria. Die reden dir nur was ein.“

Lisa setzte sich vollends auf. Sie schaute mich wild an und schrie: „Hör auf, Tom. Hör einfach auf! Es ist Sünde, was wir gemacht haben, Sünde! Gott will das nicht.“ Sie stopfte ihr weißes, langärmeliges Shirt in die Jeans, riss die Gürtelschnalle zu und stürmte in den Flur.

Ich rannte hinterher, zerrte sie am Arm. „Jetzt bleib doch, verdammt noch mal. Lass uns reden!“ Mir war eigentlich nicht nach Reden zumute. Aber ich konnte Lisa auch nicht gehen lassen. „Hör mir doch mal zu!“, schrie ich. „Wenn es sein muss, gehe ich jeden Sonntag mit dir in deine bescheuerte Kirche, aber dreh jetzt nicht durch, okay?“

Lisa starrte mich an, als sei ich der leibhaftige Satan. Aber dann gab sie nach, wurde weich und schlaff. Sie drückte die Stirn an mein Brustbein und schluchzte nur noch ein bisschen. „Ist … ist nicht bescheuert. Und … und du … du gehst wirklich mit? Du bekennst dich zu Jesus?“

Ich drückte sie an mich, dass ihr beinahe die Rippen brachen. Ich liebte Lisa und ich hasste diese sogenannten Christen, die ihr Schuldgefühle machten, die zwischen uns und unserer Liebe standen. Aber irgendwo, in meinem tiefsten Inneren, hasste ich in diesem Augenblick auch Lisa, weil sie denen mehr glaubte als mir.

„Ja, ja, ja, ich gehe mit! Aber jetzt hör auf zu heulen!“ Es klang heftig, fast aggressiv – das hörte ich selbst. Für Lisa muss es wohl trotzdem eine deutliche Bekräftigung gewesen sein. Doch das ahnte ich damals noch nicht.

Lisa blieb erst mal. Wir kochten grünen Tee und machten uns belegte Brote. Sie redete ihr übliches Bibelzeug, ich hörte kaum hin. Meine Gedanken folgten nur dem Klang ihrer schönen Stimme. Ich nickte, sagte „jaja“, widersprach nicht, und während wir aßen und Tee tranken, wurde Lisa ruhiger.

Sie plapperte etwas von einem Mädchen, das ganz anders sei als sie, das seit frühester Kindheit faste und bete und deswegen von seinen Eltern geliebt werde. Sie kenne, sagte sie, auch noch ein anderes Mädchen, das vom Teufel besessen sei und dessen Vater den Teufel nur mit Schlägen aus ihm heraustreiben könne.

Ich war gerade dabei, ein neues Teelicht im Stövchen unter der Kanne anzuzünden, doch etwas in Lisas Stimme erschreckte mich. Mit dem brennenden Streichholz in der Hand schaute ich sie an. „Schlägt dein Vater dich?“, rutschte es mir heraus. Diese Geschichte über die beiden anderen Mädchen kam mir merkwürdig vor.

Lisa schüttelte nur den Kopf und schaute mich dabei nicht an. Dann lachte sie plötzlich und sprang auf und umarmte mich und küsste mich auf den Mund.

Ich hätte mir beinahe die Finger verbrannt, so überrascht war ich von Lisas plötzlichem Liebesausbruch. „Warte“, sagte ich und schob sie ein wenig von mir. Ich blies die kleine Flamme aus und dann küssten wir einander endlos, ewig.

Das alles hätte mir gleich merkwürdig vorkommen müssen, aber ich verdrängte es erst mal.

Als ich Lisa nach Hause begleitete, lag ein tiefblauer Novemberabend über der Stadt. Die Luft fühlte sich leicht und seidig an. Lisa ging mit hüpfenden Kleinmädchenschritten neben mir. Ich hielt ihre Hand, strich mit dem Daumen über ihren Handrücken und hob langsam ab. Wie die Liebespaare auf den Bildern von Marc Chagall schwebten Lisa und ich in die Zukunft. Dass jeder von uns seinen ganz eigenen Film im Kopf hatte, schob ich weit von mir weg.

14. Die Königin Waschti

Was hatten sie getan? Tom und diese andere Lisa? Dieses Mädchen, das seine Eltern nicht ehrte, das Gottes Gebote nicht befolgte, das ständig Strafe verdiente, und Tom, der Ungläubige.

Wir haben gesündigt. Nur worin genau diese Sünde bestand, daran erinnerte sich Lisa nicht mehr. Das hatte sie einfach vergessen, als wäre ihre Sünde zu schwer gewesen, um auf den Wassern des Heils zu schwimmen, um von Gottes Gnadenlicht getilgt zu werden, wenn Lisa um Vergebung bat.

Die allzu schwere Sünde war wie ein Stück Blei in den dunklen Brunnen Satans gefallen, war untergegangen, sie war aus Lisas Bewusstsein verschwunden. Sosehr Lisa sich auch bemühte, sie erinnerte sich nicht mehr, was genau zwischen ihr und Tom geschehen war. Nur ein Satz war übrig geblieben: *Wir haben gesündigt.*

Seit Lisa gestern wie betäubt nach Hause gekommen war, drehte sich dieser eine Gedanke in ihr, schwoll an und es entstand ein verschwommenes Bild jenes Nachmittags vor ihrem inneren Auge: Sie war bei Tom gewesen. Sie hatten zusammen Tee getrunken und dann hatte Tom sie begleitet, wie immer genau bis zur Haltestelle, an der sie sich jedes Mal trennten. Ob noch etwas anderes geschehen war, wusste sie einfach nicht. Nur der dunkle, heftige Druck blieb. Keine leichte Sehnsucht nach einem unbestimmten schönen Gefühl mehr wie im Sommer, nachdem Tom ihr begegnet und wieder aus ihrem Leben verschwunden war. Eine Sehnsucht wie Schmetterlingsflügel …

Ein durchdringender Ruf unterbrach ihre Gedanken: „Lisaaa!!“ Diesen Ton ihrer Mutter kannte Lisa nur zu gut. Sie spürte den kurzen eisigen Schrecken, dem das taube Gefühl folgte, sich aufzulösen, nicht mehr vorhanden zu sein – als würde sie dichter Nebel umgeben. So begann es immer, wenn ihre Mutter etwas entdeckt hatte. Eine der vielen Sünden, die ihre Tochter beging und die sie verheimlichte. Dem tauben Gefühl folgte die Strafe, je nachdem, wie schwer Lisas Sünde in den Augen ihrer Eltern wog. Manchmal bekam sie Hausarrest. Manchmal prügelte der Vater sie. Mindestens aber musste Lisa stundenlang in einer Zimmerecke knien und Bibeltexte auswendig lernen.

„Weißt du, was das ist? Hmm? Schau nur genauer hin oder muss ich dich mit der Nase darauf stoßen?“ Ihre Mutter hielt ihr die Jeans entgegen, die Lisa in den Wäschekorb gestopft hatte.

Lisa zuckte zusammen. Diese Jeans hatte sie angehabt, als sie gestern bei Tom gewesen war. Sekundenlang sah sie, wie Tom ihr mit einer Papierserviette die Hände abwischte. Warum? Hatte sie Tee verkleckert? Der Erinnerungsfetzen verblasste, verschwand vollständig.

Da war doch nichts dabei, dass sie zusammengegessen und Tee getrunken hatten! Sie verschränkte ihre Arme vor der Brust und drückte ihr Kreuz durch. „Was soll schon sein?“ Lisa hörte, dass ihre Worte aufmüpfig klangen, wie die patzigen Antworten, die ihre Brüder den Eltern manchmal gaben. Aber sie konnte einfach nicht anders, sie musste widersprechen.

„Du weißt genau, was das ist! Du hast mit diesem Tom also weiter gesündigt. So weit seid ihr schon, dass er seinen Samen auf dir verschüttet!“ Die Hand ihrer Mutter klatschte so heftig an Lisas Wange, dass sie schwankte. „Schämst du dich denn gar nicht? Schamlose Hure! Verflucht bist du, vom Satan Besessene!“

Lisas Wange brannte. Aber nachgeben, bereuen konnte sie dennoch nicht. „Ich hab überhaupt nichts Schlimmes getan!“, rief sie. „Und wen ich liebe, ist allein meine Sache.“

„Du wagst es, so mit deiner Mutter zu reden?“ Der nächste Schlag schleuderte Lisa gegen die Heizung des Haushaltsraums, in dem ihre Mutter die Schmutzwäsche sortierte.

Das Ventil des Heizkörpers bohrte sich schmerzhaft in Lisas Rücken. Ihr Widerstand brach zusammen. Übrig blieb eine Hülle, die nichts mehr fühlte, nur den körperlichen Schmerz. In dieser äußeren Hülle mit den langen rotblonden Haaren und den blauen Augen wohnte niemand mehr. Die wirkliche Lisa löste sich auf. Übrig blieb ein Niemand, eine Unperson, und die ließ sich willenlos in ihr Zimmer sperren. Sie würde in den nächsten Tagen nur entlassen, um zur Schule gehen zu können. Sie würde mindestens eine Woche lang fasten, nicht am Tisch mit Eltern und Brüdern sitzen dürfen. Am Wochenende würde ihre Mutter diese Hülle segnen und dann würde die gesamte Familie im Gottesdienst beten und eine neugeborene Lisa, geläutert und vor Gott und den Eltern gerechtfertigt, würde das Mikrofon nehmen und für die Gemeinde singen.

In Ihrem Zimmer schlug Lisa das Buch Ester auf, denn das sollte sie diesmal so lange memorieren, hatte ihre

Mutter gesagt, bis ihr die aufständische Art endgültig ausgetrieben wäre und sie wieder wüsste, was sie ihrer Familie, der Gemeinde und vor allem Gott, dem Herrn, schuldig sei. „Wie stehen wir denn da, wenn du Luca und seine Familie so kränkst? Du weißt, dass sie großes Ansehen in der Gemeinde genießen. Und du hast Luca laut vor Gott und der Gemeinde versprochen, dass du ihm treu bist. Und was machst du? Treibst dich mit einem gottlosen, ungläubigen Jungen herum." Und bevor sie die Tür abgeschlossen hatte, hatte die Mutter vor ihr ausgespuckt.

Gehorsam versuchte Lisa zu lesen, doch die Buchstaben tanzten vor ihren Augen. Sie klappte die Bibel zu, behielt sie aber in den Händen, saß da mit trockenen, leeren Augen. „Sprich zu mir, Gottvater", betete sie, schlug dann noch einmal die Bibel auf und fand eine ganz erstaunliche Geschichte, gleich zu Beginn des Buches Ester. Allein schon die Überschrift des ersten Kapitels sprang sie an: *König Ahasveros verstößt seine Gemahlin.*

Mit brennendem Gesicht überflog Lisa die folgenden Verse:

Zu den Zeiten des Ahasveros, der König war vom Indus bis zum Nil … machte er ein Festmahl für alle seine Fürsten und Großen, … damit er sehen ließe den herrlichen Reichtum seines Königtums und die köstliche Pracht seiner Majestät viele Tage lang … Und die Königin Waschti machte auch ein Festmahl für die Frauen im königlichen Palast des Königs Ahasveros. Und am siebenten Tage, als der König guter Dinge war vom Wein, befahl er, … dass seine Käm-

merer die Königin Waschti mit ihrer königlichen Krone holen sollten vor den König, um dem Volk und den Fürsten ihre Schönheit zu zeigen; denn sie war schön. Aber die Königin Waschti wollte nicht kommen … Da wurde der König sehr zornig und sein Grimm entbrannte in ihm.

Lisa verstand diese Nilkönigin so gut, die nicht zum König kommen und sich als seinen Besitz herzeigen lassen wollte. Plötzlich kam sie sich selbst vor wie die aufmüpfige Waschti. Sie hatte überhaupt keine Lust, Lucas schöne Freundin zu sein, mit der er vor seinen reichen Eltern und der Gemeinde angeben konnte.

War es nicht so gewesen? Luca hatte zwar einflussreiche Eltern, war aber kein Junge, dem die Mädels nachliefen. Er war nicht sportlich und sah nicht so toll aus. Gegen Luca war Jojo ein ausgesprochen hübscher Junge, von Tom gar nicht zu reden. Erst jetzt wurde Lisa klar, dass sich Luca immer mit ihr geschmückt hatte: mit Lisa, der besten Sängerin unter den jungen Leuten in der Gemeinde.

15. Buße

Lisa holte tief Luft und las weiter, als sei es tatsächlich ihre Geschichte, die da vor vielen tausend Jahren aufgeschrieben worden war. Sie las, wie der Berater des Königs, ein gewisser Memuchan, über die Königin urteilte:

„Die Königin Waschti hat sich nicht allein an dem König verfehlt, sondern auch an allen Fürsten und an allen Völkern in allen Ländern des Königs … Denn es wird diese Tat der Königin allen Frauen bekannt werden, sodass sie ihre Männer verachten und sagen: ‚Der König Ahasveros gebot der Königin Waschti vor ihn zu kommen; aber sie wollte nicht.' Dann werden die Fürstinnen in Persien und Medien auch so sagen zu allen Fürsten des Königs, wenn sie von dieser Tat der Königin hören; und es wird Verachtung und Zorn genug geben."

Daraufhin hatte der König ein Gebot erlassen, dass Waschti als Königin abgesetzt werden solle, und sich unter vielen schönen Mädchen eine neue Frau ausgesucht. Das war dann Ester, die sich für ihr Volk einsetzte – mit all ihrem Charme und ihrer ganzen Klugheit.

Lisa rieb sich die Augen. Sie brannten immer noch von all den ungeweinten Tränen. Wenn Lisa für die Fürsten die Ältesten der Gemeinde einsetzte und Luca, den sie nicht mehr mochte, an die Stelle des Königs, dann war sie ab sofort Waschti, die stolze, aufmüpfige Königin! In der Bibel stand zwar nichts davon, dass Waschti einen anderen Mann lieber gemocht hatte, aber möglich war es doch! Vielleicht war sie ganz froh darüber gewesen, dass sie keine Königin mehr sein musste?

Wenn ich nur auch weggehen könnte, dachte Lisa. Wenn ich zu Tom gehen und bei ihm bleiben könnte! Sie brauchte es nur zu denken, schon drückte und biss das schlechte Gewissen. Ich habe Luca hintergangen. Ich habe die Treue zu ihm gebrochen. Dafür strafen mich nicht nur die Eltern. Dafür wird auch Gott mich strafen! Ich hab mir solche Mühe gegeben, Tom zu vergessen, dachte sie. Und betete: „Gott, Vater im Himmel, Jesus, Herr, ich kann ihn nicht vergessen! Ich hab ihn doch so lieb. So schrecklich lieb. Und wenn wir zusammen sind, ist alles schön. Einfach alles! Bitte erlaube mir, lieber Gott, dass ich Tom lieb haben darf! Bitte!“

Auf einmal sah Lisa deutlich vor sich, wie sie mit Tom in der Küche Brote belegt hatte und wie sie dann zusammen Tee getrunken, miteinander geredet und gelacht hatten. Ja, dass sie gelacht und sich gut verstanden hatten und einander wie sonst an der Haltestelle gestreichelt und umarmt hatten. Sosehr sie auch nachdachte, da war nichts, weswegen sie sich schämen müsste. Und der dunkle, schwere Druck wich für einen kurzen Moment einer befreienden Klarheit.

Doch fast gleichzeitig stiegen kleine unangenehme Brocken aus der Zeit mit Luca in ihr auf. Wie gierig er mit seiner Zunge über ihre zusammengepressten Lippen gefahren war! Eklig war das gewesen. Ihr wurde speiübel jedes Mal, wenn sie an jenen Sommerabend in den großen Ferien dachte, an dem Luca sie nicht nach Hause begleitet hatte, sondern zum Stausee abgebogen war, um auf dieser Parkbank ihr Versprechen einzufordern. Welches Versprechen denn? Dass sie ihm treu bleiben wollte, bis er zurückkam? Was denn noch? Was hatte er sonst noch von ihr gewollt?

Warum hatte sie sich nicht gewehrt? Bei diesem Gedanken schreckte Lisa hoch. In ihrem kleinen Zimmer war es finster geworden. Nur die Straßenlaternen warfen ihren kalten Schein auf den Fußboden. Als erwache sie aus einem schrecklichen Albtraum, starrte Lisa auf das helle Viereck aus Licht. Seit sie Tom kannte, war alles anders geworden. Er besaß Macht über sie. War er ein Bote Gottes? Ein Engel? Oder kam er von Satan, dem Widersacher Gottes?

Wieder drehten sich ihre Gedanken und gruben quälende Kerben in ihr Gehirn. Außerdem musste sie zur Toilette. Weil sie eingeschlossen war, zog sie widerwillig die quadratische, flache Plastikschüssel unter ihrem Bett hervor. Diese Schüssel wartete frisch gespült auf die Zeit, in der Lisa Buße tun und viele Stunden lang in Einzelhaft verbringen musste. Lisa kam es jedes Mal vor, als grinse die Schüssel hämisch mit ihrer leuchtend roten Farbe, wenn sie wieder gebraucht wurde. Der Geruch von frischem Urin im Zimmer enthielt alle Stunden und Tage, in denen Lisa wegen ihrer Sünden eingesperrt worden war. Unerträglich. Lisa öffnete das Fenster und raue, eisige Novemberluft strömte herein. Sie würde es nicht über Nacht offen lassen können, wie sie es im Sommer tat.

Immerhin nahm ihr die Mutter die gebrauchte Schüssel ab, als sie das Abendbrot hereinreichte. Ein Stück Brot mit etwas Margarine bestrichen, eine Tasse heißen Tee. Die Büßerkost. Noch hatte Lisa keinen Hunger. Sie schloss das Fenster und ließ sich auf den Stuhl vor ihrem kleinen Schreibtisch fallen. Hausarbeiten machen, das würde sie ablenken, und morgen früh durfte sie ja für einige wenige Stunden in die Freiheit.

Ihr Handy signalisierte eine SMS. Mit fliegenden Händen durchwühlte Lisa ihre Büchertasche, doch ehe sie das Handy gefunden hatte und die Nachricht lesen konnte, drehte sich der Schlüssel im Türschloss. Ihre Mutter brachte die gespülte Schüssel zurück. Genau in diesem Moment hatte Lisa das Handy gefunden, hielt es in der Hand und überflog die Zeilen, die Tom geschrieben hatte. Irgendwas von Liebhaben und Treffen. Blitzschnell löschte Lisa die SMS.

Die ausgestreckte Hand ihrer Mutter, ihre aufgerissenen Augen. „Gib es mir. Sofort!"

Waschti hatte keine Zeit, ihr aufmüpfiges Haupt zu erheben. Immerhin hatte Lisa den Mut, nicht vor der Mutter niederzuknien und sie um Vergebung zu bitten. Sie war nicht mehr die leere, gefühllose Hülle. Sie war Lisa, die Tom lieb haben würde, egal was kam. Trotzdem wehrte sie sich nicht. Sie übergab das Handy. Den einzigen Kontakt zur normalen Welt, zu Tom, vielleicht zu Cindy.

Nicht einmal Luca würde sie erreichen können und darum hätte sie immerhin bitten können, als Lisa, die Fromme, Demütige. Und ihre Mutter hätte vielleicht die Tür offen gelassen, hätte erlaubt, dass sie Luca eine Nachricht auf dem Handy schickte. Nein, dachte Lisa. Nie im Leben. Und wenn ich hier drin verhungern muss! Es kam ihr vor, als stärke die mutige Königin Waschti ihr tröstlich den Rücken.

Die Buße dauerte diesmal die ganze Woche über. An den Schulvormittagen gab Lisa sich Mühe, normal zu wirken, so, als sei nichts geschehen. Es fiel trotzdem auf, dass etwas mit ihr nicht stimmte. Cindy fragte, ob Lisa krank sei, aber Lisa schüttelte nur ihre Locken.

Georg Sodan, ihr Englischlehrer, der in der *GFC* zum Ältestenrat gehörte, sprach Lisa ebenfalls an. Er sagte, sie sehe krank aus, er mache sich Sorgen und werde demnächst mal vorbeikommen und mit ihren Eltern reden.

Georg, den sie in der Schule mit „Herr Sodan" anredete, hatte schon einmal das Gespräch mit ihren Eltern gesucht, weil er vermutete, dass sie Lisa misshandelten. Daraufhin hatte der Vater Lisa noch härter bestraft, weil sie angeblich die Familienehre beschmutzt hatte. Deshalb schaute Lisa ihren Lehrer jetzt nur erschrocken an und behauptete, es wäre alles in Ordnung, sie hätte nur eine Magenverstimmung. Unvorstellbar, wenn er zu ihnen nach Hause käme! Ihre Eltern würden glauben, Lisa hätte Georg alles erzählt, sich bei ihm beklagt, und dann würde alles nur noch schlimmer werden.

Tom wartete an der S-Bahn, aber Lisa schlich hinter den Häusern entlang und stieg zwei Haltestellen später in den Bus ein.

Immer wieder tauchte Waschti in ihr auf und rief ihr zu: „Warum lässt du dir das gefallen? Hau einfach ab. Du kannst zu Cindy, die nimmt dich bestimmt auf. Erzähl ihr alles. Na los, Lisa, lass es uns tun!"

Je länger diese Bußwoche dauerte, desto öfter und eindringlicher sprach Waschti mit Lisa. Es kam ihr beinahe vor, als wandle die Königin leibhaftig als Lichtgestalt neben ihr.

Dann, am Freitagnachmittag, brachte die Mutter Lisa das mobile Telefon. Sie ließ die Tür offen und stellte sich mit verschränkten Armen in den kleinen Flur, der Lisas Zimmer von dem der Brüder trennte.

Am anderen Ende der Welt, jenseits des Ozeans rief Lucas Stimme: „Lisa, was ist los, warum meldest du dich nicht? Ich mache mir Sorgen."

„Ich kann nicht", murmelte Lisa so leise, dass Luca schrie: „Was? Bist du krank?"

„Ja, so ähnlich", sagte Lisa und gab ihrer Mutter das Telefon zurück, hörte sie noch sagen: „Luca? Nein, nein, es ist alles in Ordnung. Sie wird sich am Sonntag bei dir melden."

Sonntag. Ach, bis dahin dehnte sich noch eine quälend lange, unendliche Zeit vor Lisa aus. Ein Samstag ohne Schule. Ohne diese Stunden, in denen sie wenigstens vom Lärm ihrer Mitschüler umgeben war, in denen sie das Gefängnis vergessen konnte, das sie zu Hause erwartete.

Sie fühlte sich grau, schwach, ausgebrannt. Ein sanftes, unterwürfiges Mädchen regte sich zwar ganz leise in ihr, wie es sich immer in den Zeiten des Fastens und Büßens geregt hatte, aber es wurde diesmal, das spürte Lisa, von Waschti zurückgehalten. Und Waschti hatte, auch das spürte Lisa undeutlich, etwas mit Tom zu tun. Es war, als könne Tom diese Figur, diesen Teil von Lisa, ihren Waschti-Anteil, mit seiner Liebe füttern und stärker machen. Genau davor aber fürchtete sich das brave und sehr fromme Mädchen so, dass Lisa sich noch zersplitterter vorkam und sich tiefer in ihre gefühllose Hülle vergrub.

16. Toms Sorge um Lisa

Sie hatte sich in Luft aufgelöst. Nach jenem Nachmittag, an dem Lisa zu mir gekommen war, an dem wir einander endlich nahe sein konnten, an dem alles gut schien, an dem ich ihr versprochen hatte, in ihrer Gemeinde zum Gottesdienst aufzukreuzen, war sie untergetaucht und regte sich nicht mehr. Sie beantwortete keine einzige SMS, obwohl ich mir die Finger wund schrieb. Sie stand nicht wie sonst nach dem Unterricht an der S-Bahn im Pulk der anderen, obwohl ich mir den Hals verrenkte.

Ich rief auf ihrem Handy an, bekam aber immer nur die Mailbox. Ich fragte Paul. Aber der hatte natürlich keine Ahnung, wo Lisa war oder was mit ihr geschehen sein könnte. Und sein „Let it be, Alter" beruhigte mich überhaupt nicht.

Ich machte mir tierische Sorgen um Lisa. Bestimmt war etwas Schreckliches mit ihr geschehen. Ich malte mir die schlimmsten Dinge aus: Sie war plötzlich tödlich erkrankt. An Leukämie zum Beispiel. War sie nicht blasser und schmaler geworden seit dem Sommer? Ich las alles über Blutkrebs in den Standardwerken, die meine Eltern herumstehen hatten. Ich recherchierte im Internet die unglaublichsten Erkrankungen – von Hirntumoren über Vergiftungen bis hin zu Neurosen und Psychosen.

Lisa war mir immer zart und zerbrechlich vorgekommen. Dünnhäutig, vielleicht auch labil. Und an unserem letzten Nachmittag, als wir in der Küche gesessen und Tee getrunken hatten, hatte sie eigenartige Geschichten von irgendwelchen Freundinnen erzählt. Blöd von mir, dass ich nur mit halbem Ohr zugehört hatte, weil ich

Lisa lieber noch einmal in den Armen gehabt hätte. Irgendetwas von einem Mädchen, das sich aufrührerisch benahm, dem man den Teufel austreiben musste …

Paul kam, weil wir gemeinsam für eine Klausur lernen wollten, und ich fragte ihn so nebenbei: „Hat Lisa eine Freundin, die mit Satanisten abhängt oder so?"

Erst starrte er mich an, wedelte dann mit der Hand vor seinen Augen herum, als sei sein Arm ein Scheibenwischer, und grinste blöd. Aber dann stoppte er plötzlich seine Idiotenbewegung und sagte: „Wart mal, kann sie damit sich selbst gemeint haben?"

„Sich selbst? Mann, du könntest recht haben. Lisa hat gesagt, das Mädel sei vom Teufel besessen und ihr Vater müsse sie deshalb prügeln. Ich hab dann noch gefragt, ob ihr Vater, also jetzt Lisas Vater, sie auch prügelt. Aber da hat sie, glaub ich, nur den Kopf geschüttelt."

„Und da hast du nicht geschaltet?", bohrte Paul sofort weiter. „Und das bei dem Hintergrund, den Lisas Family hat … Ich sag nur Kasachstan, finsterstes Mittelalter … Gerade weil diese Familien als isolierte Minderheit leben und sich gegen andere Einflüsse abschotten, konservieren sie auch ihren Glauben. Da bewegt sich nichts!"

„Gib's mir, los, weiter so. Mach mir nur noch mehr Angst", kreischte ich. „Ich seh sie doch sowieso schon die ganze Zeit gefesselt und geknebelt und halb totgeschlagen irgendwo liegen. Wenn ich nur wüsste, wo!"

Paul wurde ernst. „Und sie hat wirklich ihr Handy dauernd ausgeschaltet und antwortet auf keine SMS?"

Ich nickte, dann schüttelte ich den Kopf, ließ ihn hängen und grub meine Fingerspitzen in die Augenhöhlen.

„Hast du's mit E-Mails versucht?"

„Ich hab doch keine Mailadresse von ihr. Sie hat gesagt, dass sie nicht ins Internet darf. Ihre Eltern verbieten es ihr und den Brüdern, weil es einen schlechten Einfluss auf ihre Seelen hätte und so 'n Mist."

„Sag ich doch. Finsterstes Mittelalter! Aber frag doch mal die Leute, mit denen sie im *Paradise Garden* war, diesen Dave oder nee, besser du fragst den Gitarristen, den Jojo, ja, den würd ich fragen, der scheint mir in Ordnung zu sein. Es sind ja nicht alle verbohrt, nur weil sie zu einer Freikirche gehören."

„Und was bitte soll der mir sagen?"

„Na ja, zum Beispiel dass Lisa dort nachmittags ganz normal wie immer im Jugendtreff auftaucht. Dann wüsstest du wenigstens, dass es ihr gut geht ohne dich. So, aber jetzt lass uns erst mal arbeiten. Komm, Alter, wird schon. Arbeit lenkt ab."

Paul hatte recht. Mein flatternder Magen, mein verkrampftes Herz, alles beruhigte sich und mit den klaren mathematischen Formeln klärte sich auch mein verwirrter Verstand.

Aber sobald ich wieder allein war, begann sich die Gedankenmühle von Neuem zu drehen: Lisa – meine echte, lebendige Lisa – war verschwunden. Sie hatte von einer Freundin gesprochen, der man mit Prügeln den Teufel austreiben musste. Das Wort „Freund" hatten meine Kumpels und ich als Kinder benutzt, wenn wir ertappt worden waren und von uns ablenken wollten: „Das war ich nicht, das war mein Freund." Jetzt war ich fast sicher, dass Lisa sich selbst mit jenem Mädchen gemeint hatte, das nicht kuschte, dem sein Vater den Eigensinn mit Prügeln austreiben musste.

Mein Herz wurde wieder kalt und klein. Lisas Eltern bestraften sie dafür, dass sie mit mir ging, anstatt diesem Luca treu zu bleiben! Finsterstes Mittelalter! Der Gedanke ließ mich nicht mehr los. Ich musste Lisa retten! Aber wie nur? Ich quälte mich eine halbe Stunde lang damit herum. Schließlich rief ich über das Festnetz bei ihr zu Hause an. Es meldete sich eine Frauenstimme – höchstwahrscheinlich Lisas Mutter. Ich nannte meinen Namen und bat darum, Lisa sprechen zu dürfen. Aber am anderen Ende der Leitung wurde kommentarlos aufgelegt. Mein Herz pochte bis in die Ohren. Shit! Ich hatte alles nur noch schlimmer gemacht! Die letzte Chance schien mir, am Sonntag in den Gottesdienst in der *GFC* zu gehen. Es war der erste Sonntag im Advent.

Nach diesem Anruf ins Leere hielt ich es zu Hause nicht mehr aus. Ich zog meine Winterstiefel an, Jacke und Schal und schickte Paul eine SMS, dass ich in der Fußgängerzone sei – falls er nachkommen wollte. In der Innenstadt hingen schon die Lichterketten. Vom Weihnachtsmarkt wehten Lebkuchendüfte herüber. Wie würden Lisas fromme Leute wohl „das Fest der Liebe" feiern? Ich hatte mal gehört, dass es bei den Zeugen Jehovas kein Weihnachten gab, aber Lisas kleine Kirchengemeinschaft war ja schließlich keine Sekte.

Also suchte ich ein Geschenk für Lisa. Na ja, besonders gut war ich nicht im Aussuchen von Geschenken für Mädchen. Ich stöberte ein bisschen in einer Buchhandlung, fand aber nur Bücher, die mich interessierten. Was Lisa gern las, wusste ich nicht. Las sie überhaupt in ihrer freien Zeit? Wir hatten nie darüber gesprochen … Erschrocken stellte ich fest, dass ich Lisa gar nicht so gut kannte, jedenfalls nicht in den normalen Alltagsdingen. Welche Musikrichtungen mochte sie – jetzt mal abgesehen von den frommen Songs? Ich wühlte verschiedene CD-Ständer durch. Klassik? Pop? Rock? Metal?

„He, Alter, wusste ich's doch, dass ich dich hier treffe!" Paul schlug mir freundschaftlich auf den Rücken und ich gab den Gedanken auf, ein Geschenk für Lisa zu finden. War ja auch noch jede Menge Zeit bis Weihnachten.

17. Advent

Sie entdeckte ihn sofort. Tom saß in der vorletzten Stuhlreihe und schaute sie mit seinen großen, dunklen Augen an. Lisa spürte einen feinen Stich unter den Rippen, ein kleines Erschrecken, das sich sekundenschnell in einer prickelnden Welle ausbreitete und sie überflutete. Die vergangene Woche mit all den schrecklichen Stunden schrumpfte, die leblose Hülle fiel von ihr ab und Waschti, die tapfere Königin, stand spürbar und aufrecht hinter ihr.

Tom hatte Wort gehalten. Er war gekommen. Er würde sich zu Jesus bekennen und ein Mitglied der Gemeinde werden. Ihre Mutter würde sie nicht länger mit Vorwürfen überschütten, sie nicht mehr einsperren, nicht mehr vor ihr ausspucken. Sie würde ihr vergeben und sie wieder als ihre Tochter annehmen. Ihr Vater würde sie nicht mehr mit Kälte und Verachtung strafen. Sie würde wieder am Tisch mit ihrer Familie sitzen dürfen, ohne dass er in diesem vernichtenden Ton für ihre verirrte Seele betete. Auch Dave und Maria würden sie nicht mehr sorgenvoll ansehen, sondern den Herrn und Gott preisen, weil er Lisa die Kraft gegeben hatte, einen Ungläubigen wie Thomas in den Schoß der Gemeinde zu holen. *Machet dem Herrn die Wege bereit!* Genau das hatte Lisa getan.

Mit Leib und Seele hatte sie um Tom gekämpft. Lisa fühlte sich schwach und müde vom Fasten, das schwarze Kleid, das sonst eng an ihrem Körper angelegen hatte, warf lockere Falten. Nur ihr Unterbauch wölbte sich ein wenig nach außen, aber das hing sicher damit zusammen, dass sie seit dem Sommer ihre Tage nicht mehr bekommen hatte. Regelmäßig hatte sie sie sowieso nicht gehabt und nun waren sie eben ganz ausgeblieben.

Jetzt aber vergaß sie für einen Moment alles, was sie bedrückte. Ein Funkenregen aus Freude stieg in ihr auf, hell und knisternd wie eine Wunderkerze. Sekundenlang nur, dann sah sie den anderen – Luca! Luca saß ganz vorn. Sie hätte ihn sofort sehen müssen. Aber für sie gab es ja nur Tom. Luca starrte Lisa an, als sehe er einen Geist. Sein blasses, hartes Gesicht, wie aus Holz geschnitzt, erschien ihr fremd. Luca war zurück. Jetzt schon? Weihnachten war doch erst in drei Wochen. Warum hatte er sie nicht informiert, dass er früher kommen würde? Ach, wie auch? Sie war ja unerreichbar gewesen in ihrer Einzelhaft! Sein starrer Blick verriet, dass er es wusste. Sie hatten es ihm gesagt. Sie hatten ihm gesagt, dass sie untreu geworden war. Wortbrüchig. Eine Hure vor Gott, dem Herrn.

Waschti, die Nilkönigin, löste sich auf, Lisa sah sekundenlang sich und Tom auf dem weichen Teppich mit dem indischen Muster liegen und die Worte aus der Schöpfungsgeschichte hallten in ihren Ohren: *Adam und Eva erkannten, dass sie nackt waren.* Die Wunderkerze erlosch. Die verbotene Frucht! Die große Sünde des Menschengeschlechts. Wie hatte Lisa nur gutheißen können, was sie und Tom getan hatten? Wie sich – gleich der Königin Waschti – dem König verweigern? Ihre Gedanken rasten.

Ihre Hand nahm das Mikrofon aus der Halterung, ihr Arm warf schwungvoll das Kabel hinter sich. Wie eine mechanisch gesteuerte Gliederpuppe drehte sich ihr Kopf zum E-Piano, an dem diesmal Marias älterer Bruder Samuel saß. Er nickte und griff in die Tasten. Lisas Stimme aber erklang nicht. Ihr Hals war trocken und rau wie Wüstensand. Die Töne blieben ihr in der Kehle stecken. Kein einziger Ton kam heraus. Auch nicht, als Samuel ihr erneut zunickte und die Einleitung wiederholte.

Panisch steckte Lisa das Mikrofon in die Halterung zurück, sprang von der Bühne und lief, blind vor Entsetzen, durch den Mittelgang, zur Flügeltür am anderen Ende des Saals. Sie stieß die Tür auf und war draußen, während im Saal Marias klare Stimme das Vaterunser vortrug, in das die Gemeinde mit dem Refrain einstimmte: *„Und vergib den Aufstand gegen dein Gebot."*

Im Flur stützte sich Lisa mit den Handflächen an der Wand ab, wütende Schmerzen zogen sich durch ihre Bauchdecke und der Teppichboden, der plötzlich nicht mehr beigefarben war, sondern rot mit indischen Mustern, kam näher, er zog sie hinunter, tiefer und tiefer. Baumkronen drehten sich mit wehenden Zweigen. Eine schwarze Parkbank schwankte wie ein Schiff im Sturm und ihr hartes Holz presste sich schmerzhaft gegen Lisas Rücken.

Wieder zog sich der Schmerz bis in Lisas Bauch und sie spürte, wie etwas heiß und nass zwischen ihren Schenkeln herausfloss. Bekam sie jetzt endlich ihre Tage? Die standen aus, seit Luca … seit … Alles wurde schwarz und Lisa taumelte in die Dunkelheit.

Jemand fing sie auf. Er war bei ihr, der *liebe* Gott, der nicht strafte, der sie lieb hatte, der sie trug. Sie spürte die Muskeln seiner kräftigen Arme, das Schaukeln seiner

Schritte. Sie spürte seine Wärme. Gott sagte leise, dass er sie retten würde. Sie solle ihm vertrauen.

Engel kamen mit kreisenden blauen Lichtern. Ihre Gewänder leuchteten orangerot und schneeweiß. Sie legten Lisa auf eine Wolke und deckten sie warm zu. Sie stachen in ihren Arm mit Nägeln spitz wie Federkiele. Es tat weh, aber als Lisa plötzlich die Augen aufriss, aufspringen und fliehen wollte, klangen die Stimmen der Engel tief und beruhigend. Sie sagten, es sei ja alles gut, sie habe nur viel Blut verloren.

Und auch Gottes Stimme klang immer noch nahe an ihrem Ohr. „Ich bin bei dir“, sagte er. „Ich beschütze dich. Ich hab dich sehr lieb.“

Irgendwo, tief unten auf der Erde, riefen aufgeregte Menschen. Lisa hörte ihre Mutter schreien und ihren Vater zornig nach ihr rufen. Bis hier hinauf in den Himmel drangen die anklagenden Stimmen ihrer Eltern. Aber die Engel schlossen das Himmelstor, das rot und weiß war. Nur Gott blieb bei ihr und hielt sie fest mit seiner zärtlichen Stimme.

Sie wachte in einem Krankenhausbett auf. Über ihr ein Tropf, im rechten Arm die Infusionsnadel. Neben ihr saß Tom und strich ihr die Locken aus der Stirn. „Da bist du ja endlich wieder, Lisa. Was machst du nur für Sachen? Klappst einfach zusammen!“ Über sein Gesicht liefen Tränen. „Aber macht nichts, wird schon alles gut!“

Eine Ärztin im gestärkten weißen Kittel kam ins Zimmer. Sie lächelte mit Toms Lächeln und reichte Lisa die Hand.

„Das ist meine Ma“, sagte Tom.

Und die Ärztin sagte: „So lerne ich dich endlich mal kennen, Lisa! Geht's dir besser?"

„Was …", stotterte Lisa, „was war denn? Warum bin ich hier?"

„Du hattest einen Schwächeanfall und hast viel Blut verloren", sagte Toms Mutter und setzte sich auf die Bettkante. „Tom hat mich angerufen und dich mit dem San-Car hierher ins Krankenhaus gebracht."

Tom auf der anderen Seite des Bettes nickte heftig. „Ich bin sofort hinter dir aus dem Gemeindesaal gelaufen. Ich konnte dich eben noch auffangen, als du zusammengebrochen bist. Ich hab dich rausgetragen, an die frische Luft. Dann hab ich gesehen, dass du sehr stark geblutet hast, und da war meine Ma halt die richtige Adresse."

„Du hast mich getragen?" Lisa hörte selbst, wie schwach ihre Stimme klang – farblos, fremd. „Nicht Gott?"

Die Ärztin nahm Lisas Handgelenk in ihre feinen, warmen Hände und fühlte Lisas Puls. Sie schaute sie dabei an mit Augen, die ebenso dunkel leuchteten wie Toms Augen. Dann ließ sie Lisa los, nickte zufrieden, stand auf und drehte ein wenig am Tropf. „Hast du wenig getrunken in der letzten Zeit?", fragte sie sanft. „Wolltest du abnehmen?"

Lisa schüttelte den Kopf.

„Jedenfalls warst du völlig ausgetrocknet. Über alles andere reden wir später."

Tränen liefen aus Lisas Augen, über ihre Wangen. Sie konnte es nicht verhindern. Hockte sie nicht immer noch eingeschlossen in ihrem kleinen Zimmer, lernte verzweifelt das Buch Ester auswendig und hatte Hunger und

Durst? Nein, sie lag in einem Krankenhausbett und alles fühlte sich leicht an und unendlich weich. Schöne Tränen, gute Tränen, dachte Lisa und lächelte.

„Wir schaffen das schon!“ Toms Mutter reichte ihr ein Papiertaschentuch und strich ihr über die Stirn. Dann stand sie auf und warf ihrem Sohn einen ernsten Blick zu.

Lisa sah es wohl, aber sie war zu müde, um darüber nachzudenken, was dieser Blick bedeuten könnte. Sie fühlte sich wohlig warm und schloss die Augen.

18. Klarheit

Ich hätte Lisa fragen sollen. Mir mehr Mühe geben, geduldiger mit ihr sein müssen. Vielleicht hätte sie mir dann selber erzählt, was wirklich in ihrer Familie los war. Wie viel Druck ihre Eltern auf sie ausübten. So habe ich es erst später von meiner Mutter und von Paul erfahren. Aber nach ihrem Zusammenbruch war ich einfach nur glücklich, dass es Lisa bald besser ging. Sie blieb auf der gynäkologischen Station, die meine Mutter leitete. Das zumindest hätte mir zu denken geben sollen. Aber ich dachte nicht wirklich nach. Ich verdrängte alles, was zwischen Lisa und mir stand. Ich war verknallt. Total. „Blind wie ein Grottenolm", hat Paul es mal genannt.

Die Infusionen wirkten rasch. Lisa aß wieder, sie nahm ein bisschen zu und sah nicht mehr so grau und mager aus. Sie war wieder die Lisa, die ich kannte. In wenigen Tagen würde sie das Krankenhaus verlassen.

Doch meine Mutter machte sich Sorgen. „Ich habe mit diesen Eltern gesprochen", sagte sie, als wir am Mittwoch nach dem Abendessen wie immer noch eine Weile am Tisch zusammensaßen.

„Und?", fragte mein Vater, den sie anscheinend längst informiert hatte. „Hat sich dein Verdacht bestätigt?"

„Welcher Verdacht?", fuhr ich aufgeschreckt dazwischen. „Geht's um Lisa?"

„Ja, Tom, leider." Meine Ma legte ihre Hand auf meinen Arm. „Ich wollte es dir erst sagen, wenn ich von Lisas Eltern genauere Informationen bekommen habe." Sie wandte sich wieder an meinen Vater. „Es ist sehr komplex." Zu mir sagte sie: „Tom, erschrick bitte nicht. Aber sie war im vierten Monat und der Fötus war bereits tot. So viel ist sicher. Lisas Eltern hatten keine Ahnung und Lisa selbst auch nicht."

Mir blieb erst mal die Luft weg. „Wie bitte?" Ich sprang auf, hörte mich selbst kreischen, als ich wieder atmen konnte. „Was behauptest du da, Mama? Lisa kann doch gar nicht schwanger gewesen sein! Wir haben nur einmal Petting gemacht! Davon wird kein Mädel schwanger!"

Meine Mutter legte mir die Hand auf die Schulter. „Setz dich bitte wieder, Tom. Ich erklär es dir."

„Aber ich … ich …"

„Nein, Junge, mit dir hat der Zustand dieses Mädchens nur wenig zu tun." Die Stimme meines Vaters hatte den sonoren Chefarztton, den er auch zu Hause nicht völlig ablegen konnte. Manchmal ärgerte ich mich darüber. Jetzt beruhigte er mich immerhin ein wenig.

Ich rechnete nach: Vor knapp zwei Wochen, am 30. November, hatte ich Lisa ins Krankenhaus gebracht. Ende November bis Ende Oktober – ein Monat, Ende September zwei, Ende August drei. Irgendwann im August musste es also schon passiert sein – und da hatte ich Lisa noch gar nicht gekannt. „Paul und ich waren erst in der letzten Ferienwoche im *Paradise Garden*. Und da war nichts, ich schwör's!"

Meine Eltern schüttelten gleichzeitig ihre weisen Häupter. „Das unterstellt dir doch auch niemand", sagte mein Vater.

Und meine Mutter sagte: „Wir wissen nicht, ob Lisa schon lange innerhalb der Familie missbraucht wurde oder ob sie von ihrem Freund schwanger war. Sie selbst schweigt dazu. Lisa hat fast alles verdrängt. Luise arbeitet mit ihr daran, ihr die traumatischen Erlebnisse bewusst zu machen, damit die seelischen Wunden heilen können."

Dr. Luise Ritter, die Psychotherapeutin, war seit ewigen Zeiten mit meinen Eltern befreundet und meine Mutter hatte sich anscheinend mit ihr beraten.

„Ein Vaterschaftstest hätte die Sache klären können", überlegte mein Vater. „Aber das ist ja nun hinfällig."

„Ich kapier es sowieso nicht." Mir kamen vor Zorn und Verzweiflung die Tränen. „Mit dem Luca hatte sie doch nichts!"

„Ach, Tommy!" Meine Mutter stand auf und umarmte mich. „Tommy" hatte sie mich zuletzt genannt, als ich im Kindergarten gewesen war.

Ich schluckte an meinen Tränen, bis ich fast erstickte. „Lisa und Luca sind doch niemals wirklich ein Paar gewesen. Sie hat ihm doch nur versprochen, dass sie ihm treu bleibt. Wenn sie was miteinander gehabt hätten, hätte sie mir das bestimmt erzählt", würgte ich heraus. „Es ging doch immer nur um Gott und Jesus und die Gemeinde, vor denen sie versprochen hat, dass ... Was weiß ich, was sie alles versprochen hat."

„Der wahnhafte religiöse Überbau, in dem deine Lisa steckt, ist die eine Seite", versuchte es mein Vater. „Aber unter dem frommen Deckmantel sind in ihrer Familie und mit jenem Freund anscheinend außerdem schlimme Dinge geschehen, an die sich Lisa nicht bewusst erinnert. Worum es im Einzelnen geht, wissen wir nicht." Er schüttelte leicht den Kopf, als könne er selbst nicht glauben, was meine Mutter ihm erzählt hatte. „Und wir werden es vermutlich auch nicht herausfinden", seufzte er.

„Lisa muss jedenfalls dringend in psychotherapeutische Behandlung.“

Ich kannte meinen Vater. Dass er Lisas Probleme nicht lösen konnte, passte ihm gar nicht. Er füllte kopfschüttelnd Rotwein in sein Glas, drehte den Stiel in der Hand und betrachtete nachdenklich das dunkelrot schimmernde Getränk.

Meine Mutter massierte mir Nacken und Schultern, das tat gut. Weniger gut taten mir ihre Worte: „Solange sie im Krankenhaus ist, haben wir wenigstens ein bisschen Einfluss. Luise betreut sie ja therapeutisch. Nur fürchte ich, ihre Eltern werden niemals zulassen, dass Lisa eine Langzeittherapie macht.“

Sie setzte sich wieder an ihren Platz und goss sich Mineralwasser ein. „Diese Eltern sind beide so stur und in ihre Wertvorstellungen verbissen, die erschlagen ja mich schon mit ihren Bibelzitaten und Bekehrungsversuchen.“ Sie lachte, aber es klang bitter. „Das arme Mädchen. Sie tut mir von Herzen leid. Und du, Tom, kannst da gar nichts ausrichten.“

„Das fürchte ich auch“, sagte mein Vater. „Solche Fälle gehören tatsächlich in die Hände von Fachleuten, so leid es mir tut, Junge. Halt dich da zurück. Das ist besser für alle Beteiligten.“

Auch wenn er vielleicht recht hatte – genau das wollte ich nicht hören. „Echt, Papa, das weiß ich selber, aber ich kann Lisa doch jetzt nicht im Stich lassen.“

Ich musste erst mal damit klarkommen, dass sie vielleicht doch etwas mit Luca gehabt, mir aber nichts davon gesagt hatte, und dass dieser Luca aus Kalifornien zurück war und Lisa vor lauter Frommsein nicht mehr richtig tickte. Das mit der Schwangerschaft glaubte ich einfach nicht. Es war zu viel auf einmal.

Mein Vater schaute mich liebevoll an. Okay, er meinte es gut. Schon verstanden. Ich schob meinen Stuhl zurück und verließ wortlos den Raum. Ich hörte noch, wie mein Vater meine Mutter davon abhielt, mir hinterherzulaufen. „Nun lass ihn erst mal. Der Junge braucht Zeit, um sich damit abzufinden.“

Damit abfinden? Da irrst du dich, Pa, dachte ich. Niemals finde ich mich damit ab, dass es Lisa schlecht geht, dass diese verbohrten Eltern sie kaputt machen mit ihrem religiösen Wahnsinn.

Ich zog meine Joggingklamotten an, schickte Paul eine SMS, dass ich auf dem Weg zu ihm war, und lief los. Draußen war es dunkel. Die Luft war frisch und kalt und duftete nach Schnee. Im Ruhrgebiet schneit es selten und noch seltener bleibt der Schnee liegen. Am ehesten noch hier bei uns oberhalb von Essen-Kettwig, wo das Bergische Land anfängt. Ich wünschte mir, es würde schneien, als könnte eine dicke, weiße Schneedecke meine Probleme für immer verdecken.

Gedanken surrten wie Mückenschwärme in meinem Kopf. „Wahnhafter religiöser Überbau“ hatte mein Vater Lisas Frömmigkeit genannt. Schönes Gehäuse, schöner Schein? Oder schlimmer Schein? Überbau, ein inneres und vielleicht auch äußeres Gefängnis? Für Lisa war alles ganz real: das Schöne und das Schreckliche. Dass Gott oder Jesus jeden ihrer Schritte überwachte, sie beobachtete, was immer sie tat, dass er ständig lobte oder tadelte und auch bestrafte, wie es die meisten Eltern mit ihren Kindern machten, das erschien mir allzu durchsichtig.

Dieser Gott war natürlich nichts anderes als der verlängerte Arm von Eltern und Lehrern – oder ganz allgemein der Gesellschaft.

Unvermittelt fielen mir die zehn Gebote ein, die auch nichts anderes waren als vernünftige gesellschaftliche Regeln. Die Geschichte von Mose, der die Israeliten aus Ägypten führte, war eine der wenigen, die ich aus der Zeit meines Religionsunterrichts behalten hatte, weil sie mir gut gefiel. Der Typ war einfach genial. Als seine Stammesbrüder ihm nicht mehr so richtig gehorchen wollten, ist er auf den nächstbesten Berg geklettert, hat sich zwei große, flache Steine gesucht und Verhaltensregeln hineingeritzt: Du sollst nicht lügen, nicht stehlen, deine Mitmenschen nicht verleumden, niemandem die Frau wegnehmen und deine alten Eltern nicht in der Wüste lassen. Ach ja, und dass alle an einen einzigen Gott glauben sollten. Dann war da noch etwas mit Blitz und Donner. Klar, der hat ein Gewitter abgewartet und seine Rückkehr ins Tal gut inszeniert. Eine Supershow abgezogen. Aber was für mich eindeutig von Menschen ausgedacht war, bedeutete für Lisa etwas ganz anderes.

Ich überquerte die Straße, ließ das Tagungszentrum *St. Altfrid* rechts liegen und trabte in das Viertel, in dem Pauls Familie wohnte, seit sein Vater wirtschaftlicher Verwaltungsdirektor in *St. Altfrid* war.

Lisa glaubte also daran, dass es einen persönlichen Gott gab, mit dem man sprechen konnte. Dass Gott ein allwissender, menschenähnlicher Geist war, der uns alle erschaffen hatte und sich um jeden Einzelnen kümmerte. Irgendwie gefiel mir plötzlich der Gedanke an Lisas Gott. Wenn es das gäbe: ein omnipotentes Wesen, einen Zauberer, der sich jeden einzelnen Menschen, jede Mücke, jede Ameise, alles im Mikro- und im Makrokosmos ausgedacht hatte und der jedes Atom, nein, noch kleiner, egal, der alles, was er gemacht hatte, auch liebte, mich eingeschlossen – das wäre Wahnsinn! Ein riesiges Gefühl überschwemmte mich. Verrückt, wie ich heute Abend war, wehrte ich mich nicht dagegen. Ich schaltete meinen Verstand aus. Ich liebte Gott und Lisa und war innen weich und salzig wie Meerwasser.

Während ich weiterjoggte, betete ich zu diesem Gottesgeist, und weil ich allein zwischen den Gärten entlanglief, redete ich sogar halblaut mit ihm. Es hörte mich ja niemand. „Bitte, bitte gib mir Lisa zurück! Lass nicht zu, Großer Geist, dass ihre Eltern sie kaputt machen! Lass nicht zu, dass dieser Luca sie bedrängt und ihr ein schlechtes Gewissen macht. Bitte gib sie mir, ich hab sie lieb, ich hab sie wirklich so wahnsinnig lieb für immer und ewig."

Tränen liefen mir übers Gesicht, feuchte Spuren auf meinen Wangen. Ich löste mich auf vor lauter Liebhaben. Und alles erschien mir möglich, nein mehr, es stimmte in diesem Augenblick, es war ganz wirklich so, dass es einen liebenden Gott gab, dass er mich kannte, mich, das Erdenwürmchen, das im kalten Winterwind durch die leeren Straßen rannte, an Gärten und Einfamilienhäusern vorbei, ein Nichts im eisigen Universum, aber voller Liebe.

Ich lief an Pauls Elternhaus vorbei. So aufgelöst konnte ich mich nicht einmal meinem besten Freund zeigen. Paul, der glaubte zwar irgendwie an Gott. Aber Glaube und Religion waren für ihn nicht viel mehr als leere

Schablonen. Manchmal regte er sich über seinen Vater auf, der seine Familie drängte, am Sonntag in der kleinen Kirche von *St. Altfrid* zur Messe zu erscheinen. Ob Paul solche Stimmungen kannte, wie ich sie gerade erlebte, wusste ich nicht.

Mich und Lisa hüllte der Gottesgeist ein. Ich betete schon wieder: „Gib mir Lisa! Ich werde aufpassen, dass niemand ihr etwas Schlimmes antut, sie bestraft. Auch wenn sie mit Luca Sex gehabt hat. Das bedeutet doch nichts. Bestimmt hat er sie mit irgendwelchen frommen Sprüchen dazu gebracht. Und dass ich eifersüchtig bin, ist doch mein Problem, nicht deins, Großer Geist. Dir hat sie doch nichts angetan. Sie darf nicht noch mehr leiden. Ich will es nicht. Hörst du, Gott!" Ich hätte ihn schütteln mögen, diesen Gott, der zuließ, dass Lisa so viel Schlimmes ertragen musste.

„He, Tooom, jetzt warte doch!" Das war Paul, der mir nachlief. Er keuchte, lachte und kam mir plötzlich wie ein Engel vor, ein Bote Gottes. Nannte man sie nicht so, die Engel? Boten Gottes?

Engel Paul holte mich ein. „Na, du bist vielleicht drauf! Was ist denn jetzt wieder Schreckliches an der Lisa-Wagner-Front passiert, dass du an mir vorbeirennst wie ein aufgescheuchtes Huhn?"

Ich musste lachen und war erst mal gerettet.

Wir verließen die Siedlung, joggten die Straße hoch, über den Parkplatz vor *St. Altfrid*. Die Nacht war klar und mondhell. Wir durchquerten das kleine Stück Buchenwald, sprangen über die umgestürzten Bäume und erreichten schnell den Grenzweg zwischen Essen und Heiligenhaus.

Ich konnte noch nicht darüber sprechen. Dass Lisa die ganze Zeit über schwanger gewesen sein sollte, war für mich unfassbar, nicht real. Obwohl mir der letzte Funken Verstand, den ich noch besaß, sagte, dass meine Mutter ja tatsächlich nur harte Fakten genannt hatte.

19. Freundschaft

Paul kannte mich. Er spürte, was mit mir los war. Außerdem wusste er mehr über Lisas Familie und die Hintergründe als ich, denn seine Mutter hatte sich heute Nachmittag mit zwei Freundinnen getroffen, die sie von früher kannte – aus der Zeit, als sie selbst noch zur *GFC* gehörte. „In der *GFC* sind sie zurzeit zerstritten. Der ganze Verein ist in zwei Lager gespalten", sagte er. „Die Freundinnen meiner Mutter gehören zu den Liberalen, also zu den nicht ganz so Frommen, die Renate Sodan vor allem. Die ist echt normal und nett."

„Zerstritten? Kann ich mir gar nicht vorstellen, worüber streiten die denn?", fragte ich.

„Es geht um den Pfarrer. Den hast du ja mal predigen gehört, der ist relativ offen, er hat es nicht so mit dem Missionieren."

„Aber was der gesagt hat, war doch oberflächliches Wischiwaschi!"

„Klar, aber er betont anscheinend immer mal wieder, dass es egal ist, zu welcher Konfession man gehört."

„Und das darf er nicht?"

„Natürlich nicht! Den Freikirchlichen ist es nie egal, ob man katholisch, evangelisch, baptistisch oder sonst wie freikirchlich ist. Die wollen neue Leute anwerben und bekehren."

„So wie Dave und Maria es mit den Busch-Kindern im *Paradise Garden* versucht haben?"

„Ach, mit denen? Klar, das auch. Aber es geht vor allem um die Erwachsenen, die das Geld reinbringen. Verstehst du? Geld ist in diesen freien Gemeinden superwichtig.

Für die zieht der Staat keine Kirchensteuern ein. Die finanzieren sich doch nur aus dem, was ihre Mitglieder abgeben. Und das ist nicht wenig. Mitglieder der *GFC* zahlen einen erheblichen Teil ihres Einkommens an ihre Kirche. Darum haben sie ja auch das Recht, ihren Pfarrer frei zu wählen."

„So hab ich das noch gar nicht gesehen", warf ich ein. Paul riss mich immer mehr aus meiner sentimentalen Gottesstimmung. Nur von der magisch beleuchteten Straße unter unseren Sportschuhen und dem klaren Nachthimmel, vor dem die schwarzen Waldstücke standen, hallte noch ein Echo meiner eigenartigen Gefühle von vorhin wider.

„Also, und die konservativen Leute, zu denen die Familien von Maria, Dave und von diesem Luca, mit dem Lisa verlobt ist, gehören, die haben das dicke Geld. Großmärkte, Bauunternehmen und so was alles. Die haben jetzt den bisherigen Pfarrer abgewählt. Es gibt da anscheinend einen neuen, besonders frommen Typen, der zu einer charismatischen Bewegung gehört. Den wollen sie engagieren. Sie brauchen nur noch die Mehrheit der Stimmen."

Pauls Informationen über die Gemeinde interessierten mich schon. Aber ich hatte mich hauptsächlich an einem Nebensatz festgehakt. „Lisa … mit Luca … verlobt? Woher weißt du das? Mir hat Lisa das nie so … so deutlich gesagt."

Paul trippelte auf der Stelle. „Hat sie das nicht? In der Gemeinde reden angeblich alle über Lisa und Luca und dich. Hab ich jedenfalls heute Nachmittag von Renate Sodan erfahren. Lisa hat sich Luca öffentlich versprochen und so etwas nehmen die konservativen Mitglieder sehr ernst. Und Lisa nehmen sie es total übel, dass sie mit dir was angefangen hat, seit Luca weg ist. Lisas Familie hat ja nicht so viel Geld, dafür sind beide Eltern oberfromm und völlig vernagelt. Den Freundinnen meiner Mutter tun Lisa und ihre Brüder leid. Sie sehen das alles viel lockerer. Die haben selber Töchter und sind insgesamt liberaler, sonst könnten sie ja nicht mit meiner katholischen Mutter befreundet sein. Aber sie finden auch, Lisa hätte zuerst mit Luca Schluss machen sollen, bevor sie was mit dir anfing. Das finden alle. Na ja, und so gut kam es auch nicht rüber, dass du urplötzlich im Gottesdienst aufgekreuzt bist am vorigen Sonntag. War wohl genau der Tag, an dem Luca zum ersten Mal wieder dabei war."

Paul, der Bote Gottes! Da hatte ich es. Die Botschaft lautete klar und deutlich: Lass Lisa bei ihrem Luca und geh! Lauf weg, so schnell du kannst. Das aber wollte ich auf gar keinen Fall. Ich wollte kämpfen. Jetzt erst recht. Und wenn ich damit sonst wem auf die Zehen trat.

Paul wiederholte in meine Gedanken hinein, dass Lucas Familie ebenso wie die Familien von Maria und Dave jede Menge Geld hätten und dass sie unbedingt ihren superfrommen Pfarrer durchboxen wollten. Soweit Paul informiert war, hatte dieser Neue in Kalifornien Bibelforschung betrieben, kannte einen gewissen Benny Hinn, einen umstrittenen Geistheiler, persönlich und würde auf jeden Fall das Klima in der Gemeinde so stark verändern, dass die freier Denkenden keine Chance mehr hätten. „Entweder spaltet sich die *GFC* oder die Liberalen geben nach", sagte Paul, den das alles ganz offensichtlich nicht kaltließ.

Erst jetzt passten die Puzzleteile zusammen. Was meine Eltern über Lisas Familie erfahren hatten und das, was Paul hinzufügte, machte mir klar, wie schlimm es für Lisa aussah. Wenn ich sie retten wollte, musste ich schnell handeln.

„Am Samstag wird sie entlassen", sagte meine Mutter am anderen Morgen beim Frühstück.

Voller Panik starrte ich sie an. „Schon?"

„Ja, leider. Länger können wir sie nicht dabehalten. So ungern ich sie gehen lasse, sie ist körperlich wiederhergestellt."

Gleich nach dem Mittagessen sauste ich los. Ich brauchte ein Geschenk für Lisa, etwas Besonderes. Ich stöberte wieder einmal durch alle Läden, fand aber nichts, was mir gut genug erschien. Genervt gab ich auf und kaufte einen Strauß bunter Blumen. Albern kam ich mir vor. Ich wickelte das Papier ab, bevor ich das Zimmer 127 betrat, in dem Lisa mit zwei jungen Frauen untergebracht war. Aber sie lag nicht mehr im Bett.

„Die hat Besuch von einer Freundin", sagte eine ihrer Mitpatientinnen, an deren Bett ein Mann und ein kleines Mädchen saßen. „Die sind im Aufenthaltsraum." Sie lächelte mich an. Und weil ich so hilflos mit dem Blumenstrauß wedelte, sagte sie, ich solle aus dem Flurschrank eine Vase holen und den Strauß schon mal auf Lisas Nachttisch stellen.

Im Aufenthaltsraum saß Lisa im weißen Frotteebademantel. Sie sah mich sofort und schaute mich groß mit ihren meerblauen Augen an. Sie warf ihre langen Engelslocken aus dem Nacken. Ich kannte diese Bewegung.

Immer, wenn sie verlegen war, warf sie so ihre Haare nach hinten.

Das Mädchen, mit dem sie sich unterhielt, hieß Cindy. Wenn Lisa und ich uns an der S-Bahn oder an ihrer Bushaltestelle trafen, hatte sich Lisa manchmal von ihr verabschiedet. Sie hatte auch ab und zu von Cindy gesprochen, uns aber nie miteinander bekannt gemacht.

„Hi!“, sagte Cindy. „Schon viel von dir gehört!“

Lisa sagte nichts. Sie lächelte nur ein wenig und ließ zu, dass ich sie umarmte.

„Ich will euch nicht stören“, sagte ich, obwohl ich mich ärgerte, weil ich Lisa nicht für mich allein hatte und unbedingt mit ihr über das reden musste, was ich von meinen Eltern und Paul über sie erfahren hatte.

„Ich wollte sowieso gerade gehen“, sagte Cindy.

Ich versicherte ihr, dass sie ruhig dableiben könne.

Sie blieb dann auch und wir redeten über Lehrer und Schule und so. Doch dann tauchte diese Maria auf und Lisa wurde blass und wollte in ihr Zimmer zurück. Sie beachtete Cindy und mich kaum noch, als wir über den Flur zu 127 zurückgingen. Wir waren abgemeldet. Nur Maria zählte noch und die hatte ihren Arm um Lisas Schultern gelegt, als gehöre Lisa ihr ganz allein.

Cindy verabschiedete sich und ich hatte natürlich auch das Gefühl, nicht erwünscht zu sein. Von Maria ging eine unglaublich frostige Förmlichkeit aus. Und Lisa wehrte sich nicht. Sie zog sich von mir zurück, schaute mich nicht mehr an. Das tat schrecklich weh. Ich hielt es keine Sekunde länger aus. Ich umarmte Lisa nicht mal zum Abschied, sagte nur dümmlich, ich hätte ihr Blumen mitgebracht, die stünden auf dem Nachttisch.

„Ja, danke, Tom. War nett, dass du vorbeigekommen bist“, sagte Lisa.

Ihr freundlich-formaler Ton traf mich noch mehr als ihre stumme Abwendung. Wie konnte sie sagen, es sei *nett*, dass ich sie besuchte? Ich war es gewesen, der sie aufgefangen und hierher ins Krankenhaus gebracht hatte, als sie zusammengebrochen war. Meine Mutter, die Chefärztin der Abteilung, hatte sich persönlich um sie gekümmert, hatte Beratungsgespräche für sie organisiert, hatte selbst mit Lisas Eltern gesprochen. Und jetzt fand sie es *nett*, dass ich vorbeikam?

Wie ein Idiot tappte ich hinter Cindy her. Lisa hatte mir erzählt, dass sie die Einzige in der Klasse war, mit der sie reden konnte, die immer wieder auf sie zukam. Cindy gehörte nicht zur *GFC*. Sie sah echt gut aus: glatte schwarze Haare, ein hübsches Gesicht, gute Figur, angenehme Stimme, kein kreischendes Krähenorgan, wie es manche Mädels haben. Als wir im Aufzug standen und zum Ausgang hinunterfuhren, fragte sie: „Wollen wir nicht noch irgendwo einen Cappuccino trinken?“

Sie schaute mich so lieb an, dass mir fast die Tränen kamen. Ich war einfach total mit den Nerven fertig. Cindy schien das zu spüren. Wir gingen in die Cafeteria des Krankenhauses im ersten Stock. Ich lud Cindy ein, holte für uns beide Kaffee und irgendwelche Obstkuchenstücke, trug das Tablett zu dem Tisch, an dem Cindy wartete. Ich war so voll von einem dumpfen Schmerzgefühl, dass ich wirklich nicht wusste, was ich Vernünftiges mit ihr reden könnte.

Aber sie wusste es. Sie fragte einfach freundlich, wann und wie wir uns kennengelernt hätten. Lisa hatte ihr darüber nichts erzählt. Ich schilderte ihr, wie Paul und ich patschnass im *Paradise Garden* angekommen waren, wie ich Lisa zum ersten Mal gesehen und mich sofort in sie verliebt hatte. Cindy hörte zu, fragte nach und verstand auch, wie unwohl ich mich gefühlt hatte, als ich zum ersten Mal einen Gottesdienst in der *GFC* miterlebt hatte.

Dann erzählte sie von ihren Versuchen, Freundschaft mit Lisa zu schließen.

Jetzt konnte ich mir vorstellen, wie seltsam sich Lisa innerhalb ihrer Klasse verhielt. Wie die anderen sie wegen ihrer Frömmigkeit verspotteten und sie für beschränkt hielten.

„Wahrscheinlich ist sie wirklich nicht übermäßig klug", sagte ich. „Sonst würde sie so ein Zeug nicht glauben."

Aber Cindy legte ihre Hand auf meinen Arm, als wolle sie mich trösten. „Ach, intelligent ist sie schon", sagte sie. „Lisa merkt sehr wohl, was bei ihr zu Hause und in der Gemeinde abgeht. Daran liegt es nicht. Ich versuche ja immer wieder mit ihr zu reden, aber sie steht so unter Druck, sie kann gar nicht aus dem System ausbrechen."

Cindy nahm ihre Hand weg und zerteilte das Kuchenstück mit der Gabel, aß aber nicht. Dann legte sie die Gabel weg und formulierte sehr vorsichtig: „Ich mache mir schon seit einiger Zeit Sorgen um Lisa. Ich hab halt bemerkt, dass es ihr nach den Sommerferien immer schlechter ging. Zuerst hab ich gedacht, dass sie ihren frommen Freund vermisst, von dem sie manchmal erzählt hat. Aber dann hab ich dich mit Lisa gesehen, ihr habt euch ja nicht gerade versteckt!" Cindy grinste.

Ich bemühte mich, wenigstens zu lächeln, und erwiderte: „Hatten wir auch nicht nötig."

„In der Schule wurde Lisa immer stiller. Sie hat nicht mal mehr versucht uns zu bekehren und hat eine Arbeit nach der anderen in den Sand gesetzt. Also hab ich Lisa nach den Sommerferien ein paarmal zu uns nach Hause mitgenommen. Meine Ma arbeitet in einer Beratungsstelle der evangelischen Kirche. Sie hat eine therapeutische Ausbildung. Na ja, und sie hatte den Eindruck, also, sie vermutet, dass Lisa zu Hause misshandelt wird."

„Wie jetzt? Missbraucht oder so?" Ich fuhr hoch, dachte sofort an das Gespräch mit meinen Eltern.

„Ja, weiß ich nicht, eher psychisch, denk ich mal ... Oder, ich weiß wirklich nicht, aber Missbrauch gibt es ja tatsächlich, auch wenn für mich unvorstellbar ist, was manche Eltern ihren Kindern antun."

„Meine Eltern vermuten etwas Ähnliches", sagte ich vorsichtig. Das Thema war mir zu heiß, zu nahe an der Katastrophe, die ich nicht wahrhaben wollte.

„Meine Ma hat Lisa eine Beratung bei ihrer Kollegin angeboten, die sich mit solchen Fällen auskennt. Aber Lisa hat das abgelehnt und den Kontakt zu mir völlig abgebrochen. In den letzten Wochen sah sie schon echt krank aus. Ist dir das auch aufgefallen?"

Ich zuckte mit den Schultern. „Klar, im Sommer, als ich sie kennenlernte, war sie anders – fröhlicher, nicht so verkrampft wie in den letzten Wochen. Aber im Sommer waren Ferien ... Dass Lisa in der Schule nicht klarkommt, hab ich schon gemerkt. Und immer wieder wollte sie, dass wir beide Schluss machen, weil Jesus oder Gott oder wer auch immer was gegen uns hat. Aber ich ... ja, ich bin nicht objektiv."

Ich lachte ein bisschen. Ich wollte nicht sagen, dass Lisa im vierten Monat schwanger gewesen war. Davon wusste Cindy anscheinend nichts und ich glaubte es auch immer noch nicht wirklich. Ich konnte mir einfach nicht vorstellen, wie dieser Luca Lisa dazu gebracht hatte, mit ihm zu schlafen. Der bloße Gedanke daran machte mich rasend.

Doch Cindy ließ nicht locker. „Weiß man denn, warum sie zusammengebrochen ist?", fragte sie. „Und warum sie in der Gynäkologie liegt?"

Wir schauten uns an. „Ja", sagte ich einfach, „ich weiß es. Sie hatte eine Fehlgeburt. Eine Totgeburt. Sie hätte dran sterben können."

„Von … von dir?"

Ich schüttelte den Kopf. „Als ich Lisa kennenlernte, war sie wohl schon … " Ich konnte nicht weitersprechen.

„Das tut mir wahnsinnig leid", sagte Cindy.

Irgendwie aßen wir unsere Kuchenstücke auf, tauschten die Handynummern aus und verabschiedeten uns vor dem Krankenhaus. Jetzt, da ich es ausgesprochen hatte, begann ich das Schreckliche selbst zu glauben. Während ich zur S-Bahn stiefelte, kreisten meine Gedanken. Ich puzzelte mir die Zeit mit Lisa zurecht: Lisa und Luca hatten sich nicht einfach so einander versprochen. Sie hatten zusammengehört. Jedenfalls nach den verschrobenen Vorstellungen ihrer frommen Gemeinschaft. Ich hätte da niemals eindringen dürfen. Ich hätte Lisa in Ruhe lassen, ihr nicht nachlaufen und sie bedrängen sollen – nur, weil ich in sie verknallt war. Paul hatte recht: Es war sicher auch nicht gut angekommen, dass ich im Gottesdienst der *GFC* aufgekreuzt war.

Wenn ich bis dahin gedacht hatte, drehte sich mein Gedankenrad und raste genau andersherum: Lisa war zu mir gekommen, weil sie Hilfe brauchte. Und was hatte ich getan? Ich hatte sie mit meiner Sehnsucht überrannt. Mich wie ein Macho benommen. Nein, das stimmte so auch wieder nicht! Lisa hatte es doch auch gewollt und mir war es mit ihr niemals nur um Sex gegangen.

Warum konnte ich mich nicht in ein unkompliziertes Mädel wie Cindy verlieben? Oder nur harmlose Flirts haben? Wie Paul, der mal für ein Wochenende mit einem Mädel abhing, das zur Tagung nach *St. Altfrid* kam und nach einem Abschiedstränchen wieder heim nach Trier, Stuttgart, Bremen oder Meißen fuhr. Ich hasste mich selbst dafür, dass ich alles immer so gründlich durchdenken und durchleiden musste.

20. Fluchtversuch

„Du solltest mit Luca sprechen“, sagte Maria. „Du kannst dich nicht davor drücken, indem du ihm jedes Gespräch verweigerst.“ Maria hatte sich einen Stuhl dicht an Lisas Bett gezogen und flüsterte mehr, als dass sie sprach, damit die junge Frau im Bett nebenan möglichst wenig mithörte. Die hatte sich freundlicherweise Kopfhörer aufgesetzt und las in einem Buch.

„Ich kann nicht“, wisperte Lisa zurück. „Ich kann wirklich nicht. Bitte! Luca hat Schuld an dem hier.“

„Woran? Dass du vor lauter heimlichem Fasten zusammengeklappt bist?“

Lisa schüttelte den Kopf. Aus den verschwommenen Bildern waren deutliche Erinnerungen geworden. Dieser schlimme Sonntagnachmittag mit Luca tauchte immer wieder vor Lisas innerem Auge auf: Luca hatte sie regelrecht überfallen. Er hatte Liebe gefordert und weil Lisa nicht darauf eingegangen war, hatte er sich brutal genommen, worauf er angeblich ein Recht hatte. Am Tag danach war er nach Kalifornien geflogen.

Sie biss sich auf die Lippen, aber die Gespräche mit der Krankenhauspsychologin hatten die Nilkönigin in ihr wieder stark werden lassen. Lisa wurde schwarz vor Augen und Waschti übernahm so plötzlich die Führung über Lisas Gefühle, dass sich der gefährlich zornige Satz zwischen ihren zusammengebissenen Zähnen durchquetschte: „An dem toten Kind, das sie aus mir herausgekratzt haben.“

Maria starrte Lisa an, als sei sie ein Gespenst. „Was sagst du da?“

„Gar nichts“, zischte Lisa-Waschti und verschränkte die Arme vor der Brust. Lange würde sich die Königin nicht halten können, das spürte sie. Maria, Dave, ihre Eltern, alle Frommen der Gemeinde würden über sie herfallen und Waschti verjagen, wie einst der König Ahasveros die aufmüpfige Königin abgesetzt und verbannt hatte. Aber noch hatte Waschti die Kraft, wilde Vorwürfe herauszuschleudern. Alle schlimmen Gefühle, die Lisa niemals ganz bis in ihr Bewusstsein gelassen hatte, brachen aus ihr heraus: „Luca hat mich auf die Parkbank gedrückt und mir die Beine auseinandergerissen. Es war scheußlich. Ganz scheußlich! Jetzt glaub mir doch.“

„Psst. Nicht so laut.“ Maria legte ihre Hand auf Lisas Mund und warf hastige Blicke zum Nachbarbett hinüber. „Das kann gar nicht sein, Lisa. Unmöglich. Luca würde so etwas niemals tun! Das redet dir der Teufel ein.“ Marias Augen flackerten vor Empörung über Lisas Behauptung. „Luca würde so etwas niemals tun“, wiederholte sie, als müsse sie Lisa diesen Satz einhämmern. „Höchstens dieser ungläubige Thomas, mit dem du Luca betrogen hast!“

Lisa stieß Marias Hand weg. „Nie!“, schrie sie und die Nachbarin schaute von ihrem Buch auf. „Niemals würde Tom so etwas Böses tun!“

Maria stand auf. „Lisa, du bist tatsächlich vom Teufel besessen“, sagte sie leise und eindringlich. „Wir werden in der Gemeinde für dich beten. Vielleicht kann dich Pfarrer Sammy heilen. Er hat bei Benny Hinn gelernt.“

Waschti löste sich bereits auf. Sie hatte ihre ganze Kraft verbraucht. Die winzige Lisa, für die es nichts gab außer ihrer eigenen Schuld, blieb allein zurück. Sie hatte die

Augen geschlossen. Sie lehnte müde in den Kissen und hörte sich selbst sagen: „Ja, betet für mich und für Luca, damit wir einander treu bleiben."

Luca kam noch am selben Abend ins Krankenhaus. Maria hatte ihn sofort angerufen und zu Lisa geschickt. Er schloss seine feuchten Handflächen um Lisas dünne, weiße Finger. Lisa schüttelte sich, ein eisiger Schauer lief über ihren Rücken.

„Was erzählst du nur für einen Unsinn, Lisalein", sagte Luca sanft. „Wir haben doch nichts so Böses miteinander getan. Glaub den Teufeln nicht, die dir das einreden wollen. Sie lauern überall und versuchen unsere Gedanken einzufangen und ins Gegenteil zu verkehren. Sie wollen uns den Weg zu Jesus versperren. Aber Jesus schickt seine Engel, die uns behüten. Mir hat er Angie geschickt, als ich mich in Kalifornien einsam fühlte. Darüber wollte ich sowieso mit dir sprechen, Lisalein: Wir müssen unsere Verlobung auflösen, sobald du gesund bist."

„Ja, natürlich. Darum bist du hier", sagte Lisa schwach. Die aufmüpfige Königin Waschti hatte keine Chance, sich noch einmal aufzubauen. Sie regte sich nur wie eine Gefangene, deren Fesseln tief und schmerzend in die Gelenke schnitten.

„Nicht nur darum. Du weißt ja, dass ich einen wunderbaren Prediger für unsere Gemeinde gefunden habe. Samuel King. Am vierten Advent wird er von der gesamten Gemeinde gewählt werden. Sammy hat große Heilkraft. Er wird dich von allen Dämonen befreien, Lisa."

Lucas Stimme entfernte sich immer weiter von Lisa. Ein tiefe, weiche Dunkelheit umhüllte ihre Gedanken, löschte alles aus, was sie quälte. Von sehr weit her fielen Lichtflecken wie Sternschnuppen auf sie herunter. Der Teufel war nirgendwo und Lisa wusste, dass Gott und seine Engel sie festhielten und liebten.

Sie kam zu sich, weil die Engel in weißen Mänteln wieder um sie herumstanden, wie damals, als Tom sie gerettet hatte. Doch Tom war jetzt nicht unter ihnen. Lisa hatte ihn weggeschickt aus Angst vor Maria. Nicht einmal Toms liebe Mutter war da. Und sogar Cindy, ihre einzige Freundin, fehlte. Das machte Lisa so traurig, dass sie anfing zu weinen.

„Wird alles wieder gut“, sagte Monika, die netteste der Krankenschwestern, und der Stationsarzt, der Dienst hatte, lächelte aufmunternd. „Na klar, wir schaffen das, Lisa. Sie brauchen noch viel Schonung. Wir behalten Sie ein paar Tage länger hier. Anweisung von der Chefin.“

Ein paar Tage, an denen Engel mit flammenden Schwertern um Lisas Bett standen und nicht einmal ihre Eltern sie besuchen durften. Dafür Bäder aus mitfühlenden Worten im Zimmer der Therapeutin, die gleichzeitig eine Pfarrerin war und an Gott glaubte. Die alles verstand und Lisa tröstete.

Dann aber holte ihr Vater sie ab und sie verließ mit gepackter Reisetasche das Krankenhaus. Lisa fühlte sich ruhig und leer. Aber wer war sie selbst? Was durfte sie fühlen und was nicht? Was fühlte sie wirklich? Irgendwo sehr weit weg stand Tom in ihrer Erinnerung wie ein Traum, den man nachts hatte und der sich bei Tageslicht in winzige Splitter auflöste, Puzzleteile, die man nicht mehr zusammenfügen konnte.

So stumpf saß Lisa neben ihrem Vater. Und ihr Vater schwieg. Wortlos ließ er sie auf dem Parkplatz vor den Blocks aussteigen, reichte ihr die Reisetasche aus dem Kofferraum, nickte ihr zu und fuhr ins Gartencenter zur Arbeit, die er ihretwegen unterbrochen hatte.

Die Wohnung roch nach Putzmitteln – wie immer. Alle Dinge waren an ihrem Platz und die Wohnung selbst kühl und leer. Lisas Brüder waren in der Schule, die Eltern würden erst am späten Nachmittag zurück sein. Lisa stellte die Reisetasche in ihr kleines Zimmer. Sie drehte den Thermostat der Heizung höher, ließ aber die Tür zum Flur offen. Eine geschlossene Tür hätte sie nicht ertragen. Schon allein der Gedanke daran ließ ihr Herz rasen. Da war sie also wieder.

Die freundlichen Stimmen der Ärzte und Krankenschwestern, die Schritte in den Krankenhausfluren, die klappernden Geräusche, das leise Klirren, das der Essenswagen machte, wenn ihn Schwester Monika oder der Zivi durch die Flure schob, all das klang noch ein wenig in ihr nach. Dort war sie geborgen gewesen. Dort hatten sie ihr ins Leben zurückgeholfen. Dort schwebten Engel mit ihren weißen Flügeln aus Licht.

Aber hier unten im Tal an der Ruhr, in diesem Wohnblock, in dem unterschiedliche Menschen stumpf und fremd neben-, über- und untereinanderhausten, in dieser sauber geputzten Wohnung, die Lisa einschloss, hier lauerte überall die Angst mit gefährlichen Krallen. Bereit, Lisa anzuspringen und zu würgen. Hier konnte sie nicht bleiben.

Ohne weiter nachzudenken, zog Lisa ihren braunen, gefütterten Anorak wieder an, setzte die Häkelmütze auf, schlüpfte in die Schaftstiefel, verließ die Wohnung und fuhr mit dem schmutzigen, ratternden Aufzug nach unten. Einen Plan hatte sie nicht, als sich ihre Füße wie ferngesteuert in Bewegung setzten. Nur, dass sie zur Laupendahler Höhe hinaufwollte, wusste sie, wo über den Hügeln die nasse Wintersonne zwischen verwehten Regenwolken schien.

Dort wohnte Tom in einem wundervollen Haus, das zwischen hohen Bäumen lag. Tom, dachte sie, lieber Tom, du wirst nicht zulassen, dass ich in mein Gefängnis zurückmuss. Deine Mutter wird es auch nicht zulassen. Ich erzähle euch, wie es dort wirklich gewesen ist. Ihr dürft mich nicht zurückschicken!

Mit jedem Schritt, den sie machte, kam Lisa ihrem Wunschtraum näher. Je genauer sie es sich vorstellte, umso mehr glaubte sie daran, dass Tom sie bei sich behalten würde, jetzt, wo sie frei war. Frei von der schrecklichen Verbindung mit Luca, den sie nie geliebt hatte. Der sie mit frommen Sprüchen gefesselt und an sich gebunden hatte.

Die Worte der Krankenhauspfarrerin klangen in ihr nach: „Gott bestraft nicht, Lisa. Es sind Menschen, die dir all das Schlimme angetan haben. Glaub ihnen nicht. Immer wenn sie mit ihren Worten auf dich einschlagen und dir ein schlechtes Gewissen machen wollen, dann stell dir die göttliche Liebe vor wie ein großes, helles Licht, das dich einhüllt mit seinem Leuchten und dich mit seiner Wärme beschützt und weit wegträgt, bis du bei dir selbst angekommen bist. Tief innen bist du hell und gesund, Lisa. Du bist ein starkes Mädchen. Du wirst es schaffen. Lass dich nicht wieder einzwängen."

Lisa dachte an die Königin Waschti. Doch auch Waschti war bestraft worden, denn der König war mächtiger als sie und er nahm ihr die Würde der Königin. Sie hat ja gar nicht wirklich gewonnen, dachte Lisa. Tränen drängten sich in ihre Augen. Sie blinzelte sie weg und zog die Nase hoch.

Lisa überquerte die Schienen der S-Bahn. Das war natürlich verboten, aber alle Anwohner kannten die Trampelpfade, auf denen man die langen Kurven der Fahrstraßen abkürzen konnte. Sie stieg bergauf in den kahlen Buchenwald. Über die breite Feuerwehrzufahrt erreichte sie den Rundweg, der um die Fachklinik Rheinruhr herumführte. Jetzt spürte sie doch, wie erschöpft sie noch war. Sie schleppte sich an den Wohnungen der Angestellten und Patienten und an den Therapieräumen vorbei, hinter deren Glasfronten Menschen in Jogginganzügen auf Trimmrädern strampelten. Eine Gruppe älterer Leute keuchte auf sie zu. Lisa wich ihnen aus und hätte sich beinahe auf einer der Bänke ausgeruht. Aber die Erinnerung an Luca und jenen Sonntag im August riss sie hoch, als stünde die hölzerne Bank in Flammen. Weiter, dachte Lisa, ich muss weiter. Ich muss das schöne weiße Haus mit dem geschwungenen Dach finden, in dem Tom wohnt.

21. Kirchenasyl

Musik fiel aus, weil die Kutschka krank war. Paul und ich hatten also früher Schluss als sonst und fuhren an diesem Freitag vor dem vierten Advent zeitiger mit der S-Bahn von Werden nach Kettwig-Stausee. Wir wollten bei mir essen und dann einen abgefahrenen Film über einen amerikanischen Prediger namens Marjoe ansehen. Ich war beim Surfen auf diesen Typen gestoßen, der ein komplettes Filmteam auf seine Tourneen mitnahm, backstage mit ihnen offen darüber sprach, dass auf der Bühne alles nur Show war, den Gläubigen aber den erleuchteten Prediger vorspielte. Ich hatte nur einen Teil angeschaut und wollte heute das ganze Video mit Paul zusammen ansehen. Und Paul hatte verschiedene Videoclips über die seltsamen Praktiken eines anderen amerikanischen Predigers entdeckt, die er mir unbedingt zeigen wollte.

Eine Gruppe Jungs und Mädels in unserem Alter mit Reisetaschen fiel Paul sofort auf. Er fand, sie sähen typisch katholisch aus. „Pass auf, die steigen in unseren Bus und fahren zu *St. Altfrid* hoch. Wetten?“

Pauls Jagdtrieb erwachte. Als absolut Ortskundiger würde er mit seiner üblichen Masche das süßeste Mädel herausfischen, ihr *St. Altfrid* zeigen und sie so lange belabern, bis sie sich auf ihn einließ. Manchmal hielten solche Geschichtchen immerhin ein paar Wochen. Einmal war Paul sogar x-mal nach Krefeld gedüst, wo eine gewisse Thea wohnte. Aber lange hielt seine Begeisterung nie vor. Und auf einen Wahnsinn, wie ich ihn mit Lisa erlebte, hätte Paul sich nie eingelassen.

Diesmal sah ich sofort, wen er im Blick hatte: eine kleine, drahtige Schwarzhaarige, die ihre ganze Umgebung unterhielt – so laut, dass wir beide alles mithören konnten. Die anderen nannten sie Insa, ein Name, der für mich unangenehm klang. Insa, nicht Ina, nicht Lisa. Insa klang wie Linsen. Außerdem hatte Insa, wie die anderen in der Gruppe auch, einen schwäbischen Akzent, der hier im Ruhrgebiet natürlich auffiel. Paul liebte alles, was nach südlich des Mains klang, das wusste ich.

Insa hatte sich anscheinend auf die weihnachtlich-besinnlichen Tage auf ihre Weise vorbereitet, denn sie erzählte den anderen von einem amerikanischen Prediger, der zur charismatischen Bewegung gehörte und durch bloßes Anhauchen die Menschen umwarf, sodass sie zu Boden fielen und hektisch mit Armen und Beinen ruderten. „Der ist echt umwerfend im wahrsten Sinn des Wortes", lachte sie. „Wenn der Heilige Geist es nicht schafft, reißen Bennys Helfer die Leute um, echt wahr!"

Und die anderen Jungs und Mädels lachten mit ihr.

„Sprichst du zufällig von Benny Hinn?", mischte Paul sich locker ein, als gehöre er dazu.

Insa reckte sich, strahlte Paul an, hatte längst Blicke mit ihm getauscht und rief: „Ja, aber woher kennst du den?"

„Tja, man hat ja so seine Quellen", frozzelte Paul, wippte mit dem Oberkörper wie ein Rapper und sang: „Let the bodies hit the floor!"

„Genau!", rief Insa und wippte mit.

Paul hatte sie. Dieser hinterhältige Rattenfänger. „Warst du im Frühjahr in Stuttgart bei seiner Show?", fragte er und riss seine blauen Augen so auf, dass sie rund wie

Murmeln wurden und wie Sterne funkelten. Wenn Paul wollte, nahm er es mit jedem Star auf.

„Klar, war ich. Man muss sich ja schließlich informieren!“, rief Insa.

Und Paul, dieser Fiesling, sagte: „Warte, ich komm mal zu dir rüber, dann müssen wir nicht so schreien.“ Er ließ mich einfach sitzen und schwang sich neben Insa, die sofort für ihn Platz machte, indem sie näher ans Fenster rückte und den Jungen neben sich so weit an den Rand des Sitzes schob, dass der freiwillig aufstand und sich anderswo hinsetzte. Um diese Zeit gab es noch genügend freie Sitze.

Wir stiegen an der üblichen Haltestelle aus und wie immer, seit ich Lisa kannte, hielt ich automatisch nach ihr Ausschau, als wir dort auf unsere Linie warteten. Paul und Insa hatten inzwischen den größten Teil der Gruppe zu ihrem Publikum gemacht. Ich stand abseits und wartete auf etwas, das nicht eintreffen würde. Lisa konnte heute gar nicht kommen. Sie war noch im Krankenhaus oder wurde gerade erst entlassen. Und selbst wenn sie wie sonst von der Realschule hergefahren käme, sie würde mich nicht anschauen. Mein Gefühl sagte mir, dass es vorbei war. So sehr ich auch in mich hineinhorchte, das fast schmerzliche Ziehen, das ich empfunden hatte, wenn Lisa an mich dachte, konnte ich nicht mehr spüren. Sie schickte mir keine Signale mehr. Sie hat ihre Fühler eingezogen, ihre Antennen eingefahren, ihren inneren Sender abgeschaltet, dachte ich. Der Bus kam, wir stiegen alle ein und fuhren zur Laupendahler Höhe.

Und wenn Paul sich beim Aussteigen von Insa und der Gruppe verabschiedet hätte? Wenn wir direkt zu mir nach Hause gegangen wären oder ich allein nach Hause gelaufen wäre? Manchmal gibt es Schaltstellen, Kreuzungen, die man zuerst nicht erkennt, die aber für alles Weitere wichtig sind.

Paul ist aber wie ein Fremdenführer zum Charlottenhof gepilgert und hat mich mit einem „He, Tom, ich erklär denen nur kurz, wo sie einchecken müssen, komm einfach mit!" und seinem typischen Paul-Wink mitgeschleppt.

Er hat gleich angefangen allen die Geschichte des Charlottenhofs zu erzählen, von Berta Krupp und der Nazizeit und wie die alten Gebäude abbrannten und wie das Bildungszentrum *St. Altfrid* entstanden ist. Er führte die Truppe natürlich zur Anmeldung.

Ich hatte keine Lust, auf ihn zu warten. Also trödelte ich vor dem Torhaus herum und weil mir kalt wurde, zog ich die schwere Tür der Kapelle auf – katholische Kirchen sind fast immer offen. Duft von Kerzen und Weihrauch hing im dämmrigen Raum. Das rot-blaue Fenster leuchtete mit großäugigen Figuren.

Und hinter dem Altar umarmte der mächtige, weiß gekleidete Engel immer noch den Christus mit der Dornenkrone und den Wundmalen, während der zweite Engel halb unter ihm lag und ihn in den Himmel trug. Paul hatte mir das Holzrelief schon vor endlos langer Zeit erklärt. Damals, als sein Vater vom Bistum angestellt worden war, waren wir beide noch zur Grundschule in Kettwig gegangen. Ich war lange nicht mehr in der Kapelle gewesen. Ich staunte über die fast vollkommene Stille. Und dann hörte ich Lisa weinen.

Sie kauerte zwischen den Reihen im Halbdunkel und schluchzte. Ich war bei ihr, schneller, als ich denken konnte. Ich legte meinen Arm um ihre schmalen Schultern, drückte mein Gesicht in ihr Haar. Wir waren wieder zusammen und nichts auf der Welt konnte uns mehr trennen. Ich weiß nicht, wie lange wir so gemeinsam zwischen den Bänken hockten, wie lange es dauerte, bis Lisa nicht mehr schluchzte.

„Ich bin ja bei dir. Ich bleib ja bei dir. Ich verlass dich nicht. Ich lass dich niemals im Stich“, murmelte, flüsterte, raunte ich und dann schwiegen wir und spürten nur die Nähe zueinander. Minuten? Stunden? Jahre? Die Zeit stand still. Es gab auf der ganzen Welt nur noch Lisa und mich und unsere Liebe.

Irgendwann nach Jahrmillionen kam Paul. Er hatte mich gesucht. Und mit seinem untrüglichen Instinkt hatte er uns gefunden, Lisa und mich, ausgerechnet in einer katholischen Kapelle. Als er mir sanft auf den Rücken klopfte, tauchten wir auf wie Kapitän Nemo mit seinem uralten Unterseeboot. Paul flüsterte nur: „Kommt ihr?“

Und mit halbtauben Gliedern rappelten wir uns auf, öffneten die Augen, gewöhnten uns langsam wieder an die Wirklichkeit. Ich behielt Lisa vorsichtshalber dicht bei mir. Meinen Arm um ihre Hüfte, spürte ich jede ihrer Bewegungen.

„Sagt mal, soll ich euch besser allein lassen?“ Paul schaute uns voller Mitgefühl an.

Aber ich wollte gar nicht mit Lisa allein in unserem Haus sein. Ich glaube, ich fürchtete mich vor den Sturzbächen aus Gefühl, die mich überschwemmen könnten. Ich durfte Lisa nicht noch einmal in etwas hineinziehen, was ihr nachträglich schaden würde, jetzt, wo ich das mit Luca wusste und auch, wie streng ihre Eltern reagiert hatten. Dabei kannte ich nur einen ganz kleinen Teil dessen, was wirklich mit Lisa geschehen war.

„Ich bin den ganzen Weg zu Fuß gegangen“, sagte sie, als wir die Straße überquert hatten. „Ich war bei eurem Haus, aber die Frau, die durch die Sprechanlage gefragt hat, wer ich bin, hat nur gesagt, du bist noch in der Schule und ich soll später wiederkommen. Da hab ich mich in die Kirche gesetzt. Ich war ... ich war einfach müde und ich kann nicht nach Hause zurück, Tom. Ich kann nicht.“ Lisa wirkte wie ein kleines Mädchen.

„Musst du ja auch nicht“, versprach ich gedankenlos. „Du musst nie mehr zurück. Du bleibst bei mir für immer und ewig.“

Ob Paul, der vor uns herging, diesen Unsinn gehört hat, weiß ich bis heute nicht.

Ich klärte Lisa über „die Frau“ auf: Gaby Kuhn, unsere Haushaltshilfe. „Weil meine Eltern in ihren Krankenhäusern voll beschäftigt sind, brauchen wir Gaby. Früher, als ich klein war, hatte ich eine Kinderfrau und außerdem kam meine Oma noch oft und hat dann auch bei uns gewohnt. Jetzt ist sie seltener da, auf mich muss ja keiner mehr aufpassen.“

„Ihr habt also eine Haushaltshilfe“, sagte Lisa. „Das hätte ich mir denken können. Bei euch ist alles so unheimlich großartig und viel vornehmer als bei uns. Meine Mami und ich machen den Haushalt, wir putzen alles selbst. Unsere Wohnung ist ja auch klein.“ Als sie „Wohnung“ sagte, schauerte sie.

Paul blieb stehen. „He, Lisa, mach dir nichts draus. Bei Tom ist eben alles ein bisschen anders. Die haben nicht nur Gaby fürs Kochen und Waschen und Elke, die Putzhilfe, fürs Grobe." Paul fuchtelte mit den Händen vor Lisa und mir herum, hinderte uns am Gehen und zählte das Hilfspersonal meiner Eltern an den Fingern ab. „Es gibt außerdem noch Rudi, den Rentner. Der kümmert sich um alles, was im Garten anfällt, repariert kleine Schäden am Haus und regelt alles, wenn es um größere Sachen geht. Ach klar, und die Fensterputzer, die alle paar Wochen anrücken. Du glaubst es nicht!" Paul lachte hämisch.

Dass er mir das gerade in dem Moment vorhalten musste, war gemein. Er wusste genau, wie gerne ich manchmal mit ihm tauschen würde. Ohne Paul war ich aufgeschmissen. Einsam. Unfähig mich im Pulk meiner Mitschüler zu bewegen. Ich kam mit dem oberflächlichen Smalltalk der anderen nicht klar. Nur mit Paul zusammen konnte ich meine Stellung innerhalb der Gemeinschaft halten. Mit ihm konnte ich albern sein und witzig. Wir galten überall als das perfekte Team. Die „siamesischen Zwillinge" wurden wir auch genannt. Nur ich wusste, dass Paul locker ohne mich klarkam. Ich aber nicht ohne ihn.

Gerade eben hatte er es ja wieder bewiesen. In null Komma nichts hatte er eine schwäbische Insa aufgerissen und jetzt half er Lisa und mir.

Ich öffnete das Gartentor und heute erschien mir unser kleiner Park riesig und der zugedeckte Pool neben der vorderen Terrasse angeberisch. Vielleicht, weil ich alles mit Lisas Augen sah. Was brauchten wir drei, meine Eltern und ich, zwei Terrassen? Okay, auch Pauls Familie wohnte in einem Einfamilienhaus mit großem Garten. Aber Pauls Eltern kümmerten sich selbst um alles. Seine

Mutter arbeitete nicht außerhalb. Sie war nur für Paul, seine Schwester, ihren Mann, den Haushalt und den Freundeskreis da. Meine Eltern hatten selten Freunde zu Besuch. Manchmal gaben sie kleine Empfänge für Kollegen und wurden zu ähnlichen Aktionen eingeladen. Bisher hatte ich alles einfach so genommen, wie es war. Nichts in Frage gestellt. Paul und ich luden im Sommer oft unsere sämtlichen Freunde in meinen, wie Paul es nannte, „Vergnügungspark“ ein. Unsere Partys waren beliebt und wir wegen unserer Partys.

Im Hausflur duftete es nach Mittagessen. Wir zogen Jacken, Schals und Schuhe aus. Die Fußbodenheizung wärmte angenehm, wenn man in Socken herumlief. Gaby hatte gekocht und war nach Hause gefahren wie an jedem Freitag. Meine Eltern würden erst am späten Nachmittag heimkommen. Sie schaufelten die Wochenenden frei, sooft es ging. Mindestens einer von beiden war zu Hause und meistens sogar beide, wenn auch mit dem „Bereitschaftspiepser“. Wann immer es möglich war, delegierten sie per Funk oder Telefon an ihre leitenden Stationsärzte. Meine Eltern, die Chefs. Und an welcher Stelle kam ich? Wieder mal spürte ich deutlich, dass ich mich oft allein fühlte. War es das, was mich mit Lisa verband? Ich hatte immerhin Paul. Aber wen hatte Lisa außer mir? Ihre verschrobene Gemeinde, klar. Maria, Jojo und vielleicht Dave. Und vor allem diesen … diesen Luca! Es stieg sofort wieder in mir hoch: Eifersucht! Wut! Hass! Alles auf einmal. Den Kerl würde ich irgendwann mit bloßen Händen erwürgen!

In der Küche steckten Lisa und Paul ihre Nasen in die Töpfe und Lisa zog Gabys Küchenhandschuhe an und öffnete den Backofen. Der Duft von Kräuterkartoffeln stieg uns in die Nasen. Es gab außerdem Möhrenschaumsuppe, Hähnchenfilets in Sahnesoße, gemischten Salat, das Dressing in Töpfchen daneben. Als Nachtisch Himbeeren mit Vanillecreme. „Ich esse mit, aber nur ganz wenig", sagte Paul, verdrehte seine großen blauen Augen und leckte sich wie ein Kater die Lippen. Es sah so lustig aus, dass sogar Lisa lächelte.

Paul rief zu Hause an, dass er erst mal bei mir bliebe. Weil das oft genug vorkam, hatte seine Ma nichts weiter dagegen. Sie hatte sowieso Mitleid mit mir, weil ich so viel allein war. Oft genug lud sie mich mittags zum Essen ein. Ich genoss es dann immer sehr, mit der ganzen Familie am Tisch zu sitzen.

Paul, der angeblich nur wenig essen wollte, schaufelte sich nacheinander mehrere Teller voll. Lisa nahm nur ein bisschen Suppe. Ich konnte es nicht mit ansehen und häufte ihr Kräuterkartoffeln, Hähnchen und Soße auf einen Extrateller. Sie schaute mich mit ihren verweinten Nixenaugen an und lächelte dabei immerhin ein bisschen.

22. Let the bodies hit the floor

„Leg dich ruhig hin", sagte Tom, als er und Lisa in seinem Zimmer standen.

Sie musste tief Luft holen. Das war ein wunderbarer Raum, in dem sie sich so wohl und frei fühlte, als käme sie endlich nach Hause.

„Kannst dich auch zudecken, wenn dir kalt ist."

Lisa kuschelte sich in Toms Bett, legte sich auf die Seite, sodass sie die Jungs beobachten konnte, die den Computer hochfuhren, um die Clips mit dem Beamer auf eine Leinwand zu projizieren, die Tom wie ein Springrollo von der Zimmerdecke heruntergelassen hatte. Toms Zimmer glich eher einem Studio als einem gewöhnlichen Jugendzimmer. Eine Wand unter der Dachschräge bestand aus Glas. Schreibtisch und Bücherregale waren geschickt integriert, alle Farben aufeinander abgestimmt.

Eigentlich hätte sie jetzt lieber mit Tom über das Schlimme gesprochen, das in den letzten Wochen geschehen war. Noch hätte sie es gekonnt, noch fühlte sie sich weich, traurig, offen für ihre eigenen Gefühle. Und es war so wichtig, dass sie Tom alles erzählte, damit er ihr verzeihen konnte.

Viel zu lange hatte sie ihm nicht die Wahrheit über ihre Verlobung mit Luca gesagt. Die Gespräche mit Dr. Luise Ritter, der Therapeutin, hatten die verschlossene innere Tür zu den schlimmsten Erinnerungen einen Spaltbreit geöffnet. Luise Ritter hatte Lisa von aller Schuld freigesprochen. Auch das musste Tom wissen. Vorhin, in der Kapelle hatte sie gespürt, wie lieb sie einander hatten, Tom und sie. Wenn sie gemeinsam vor Jesus treten und miteinander beten würden, könnte alles, alles gut werden.

Lisa schloss die Augen und entspannte sich. Beinahe wäre sie eingeschlafen, aber das wilde Gelächter der Jungs weckte sie. Bässe dröhnten, E-Gitarren plärrten, ein Schlagzeug hämmerte. „Let the bodies hit the floor“, tönte der Sänger rhythmisch in voller Lautstärke. Und Tom und Paul lachten. Über die Leinwand flimmerten Bilder in Lebensgröße: Ein weiß gekleideter Mann, der Menschen zu Boden warf.

„Guck mal, Lisa, das ist der berühmte Benny Hinn. Jetzt schau genau hin, wie seine Leute dem Heiligen Geist helfen! Wer nicht freiwillig umfällt, den ziehen sie. Boa! Guck dir das an!“ Tom hockte sich aufs Bett neben sie und kraulte ihren Nacken, während er redete.

Eiskalte Schauer rieselten über Lisas Rücken. So nicht, Tom! So darfst du mich nicht berühren. Bitte nicht. So nebenher, so beiläufig, als wäre ich eine Katze oder ein Hund. So hat es mit Luca angefangen, ehe er mich im Genick packte und über mich herfiel! Und warum lachst du über heilige Dinge? „Was ist das für eine Musik? Die passt doch überhaupt nicht dazu“, stieß sie hervor und setzte sich so plötzlich auf, dass Tom erschrocken seine Hand zurückzog.

„Die Musik ist natürlich pure Verarschung“, sagte Paul locker.

Aber schon allein das hässliche Wort verstörte Lisa. Angespannt schaute sie auf die Leinwand und versuchte Marias mahnende Worte auszublenden, die sich wieder in ihr Bewusstsein drängten: Tom, der Verführer, der mit dem Teufel paktierte.

Jetzt erklang sanfte Musik zu dem, was sich auf der Bühne abspielte. Benny Hinns Helfer hoben und zogen immer mehr Menschen aus dem Saal auf die Bühne. Die traten vor den Prediger, der mit jedem Einzelnen sprach, dann plötzlich auf ihn zufuhr, das Mikro in der Hand, und so gewaltig hineinblies, dass sein Gegenüber rückwärts zu Boden stürzte. Die Menschen zitterten, flatterten mit Händen, Armen und Beinen.

Lisas Magen verkrampfte sich. Die Wunde in ihrem Bauch, die noch nicht ganz verheilt war, schmerzte. Dennoch konnte sie nicht wegsehen. Und dann die Kinder! Sie schoben Kinder vor den schreienden und tanzenden Hinn. Kinder, die weinten und zitterten. Die Kamera zeigte deutlich ihre Gesichter. Lisa hielt es nicht mehr aus. Sie schleuderte die Bettdecke weg, sprang auf und stürzte aus Toms Zimmer. Sie flog die weiße, geschwungene Treppe hinunter und riss ihren Anorak aus dem offenen Garderobenschrank. Im Spiegel sah sie sich selbst: blass, mit wirrem Haar, krank, verzweifelt. Zitternd wie die Kinder, die man auf die Bühne gezerrt hatte.

Tom war schon bei ihr. Schützend wie Flügel legten sich seine Arme um sie. „Tut mir leid, Lisa. Ich wusste nicht, dass dich das so treffen würde! Ich wollte genau das Gegenteil erreichen und dir zeigen, was für einen Unsinn solche Leute machen. Verzeih mir!"

„Nein, nein, nein! Sie dürfen das den Kindern nicht antun! Niemand darf Kindern so etwas antun. Sie können sich doch nicht wehren!" Lisas Fäuste hämmerten gegen Toms Brustkorb.

Tom hielt sie dennoch fest. Erst als Paul eingriff und Lisa vorsichtig von Tom trennte, gab sie erschöpft nach.

„Mensch, Lisa", sagte Paul und schüttelte sie. „Komm mal wieder runter. Was haben die nur mit dir gemacht?"

Lisa schluchzte.

„Lass doch, Paul. Du weißt längst nicht alles. Lisa geht es sehr schlecht." Tom schob Pauls Hände von Lisas Schultern. „Ich hab einen Fehler gemacht. Wir hätten dieses Video überhaupt nicht ansehen dürfen, eher den Bericht über Marjoe oder … nein, den auch nicht."

Lisa spürte alles, hörte alles und ließ alles mit sich machen. Sie war nur noch müde. So unsagbar müde.

Tom führte sie zurück in sein Zimmer. Er schaltete Beamer und Computer aus. „Schlaf ein bisschen, Lisa", sagte er freundlich und dabei klang er fast wie seine Mutter, die Ärztin. „Ich such dir was, damit du schlafen kannst. Später sehen wir weiter, okay?"

Tom brachte ihr ein Glas Wasser und eine grüne Tablette. Sie trank, sie schluckte. Paul zog die leichten, weißen Vorhänge zu. Der wunderbar helle Raum unter der Dachschräge verschwamm vor Lisas Augen und sie versank in Wolken aus Schlaf, watteweich und dunkelviolett.

„Lisa, bitte wach auf, Kind", sagte die freundliche Stimme und eine kühle, trockene Hand strich ihr das Haar aus der Stirn. „Deine Mutter ist hier. Sie will dich abholen. Du musst nach Hause."

Lisa wehrte sich gegen das Aufwachen. Sie behielt die Augen geschlossen, fühlte sich schlafwarm und müde.

Aber die Stimme ließ nicht locker. Sanft und bestimmt zog sie Lisa aus der traumlosen Tiefe. Das Licht der Nachttischlampe … aber keine Krankenhausgeräusche. Die Stimme von Toms Mutter, ihre Hand auf Lisas

Stirn, aber kein Arztkittel, als Lisa endlich die Augen öffnete. Toms Mutter trug Jeans und einen honigfarbenen Pulli mit V-Ausschnitt. Sie saß auf der Bettkante und lächelte Lisa an. „Es tut mir sehr leid, meine Kleine", sagte sie und legte die Hand auf Lisas Schulter, „aber deine Eltern bestehen darauf, dass du nach Hause kommst. Und sie haben das Recht, über deinen Aufenthaltsort zu bestimmen. Schau mal, aus ihrer Sicht ist das hier Toms Haus und mein Sohn ist in ihren Augen nun mal der Junge, der deine Beziehung zu Luca zerstört hat."

„Das stimmt aber doch gar nicht!" Lisa war plötzlich wach. Sie begriff erst jetzt, wo sie war, warum sie gekommen war und dass sie nicht hierbleiben durfte, hier bei Tom, wo es ihr gut ging, in diesem wunderbaren Haus, bei seiner Mutter, die lieb mit ihr sprach, die bisher alles verstanden hatte. Toms Mutter schickte sie zurück in die Hölle! Und Tom? Warum griff er nicht ein? Warum blieb er nicht bei ihr, wie er es in der Kapelle versprochen hatte?

„Ich lass dich nicht im Stich", hatte er gesagt. Doch genau das tat er jetzt. Lisa spürte, wie ihr Körper zuckte. Sie verwandelte sich in eines dieser armen Kinder, die zitternd und weinend vor Benny Hinn standen und umgestoßen wurden. Die auf dem Rücken lagen und mit Händen und Füßen zappelten, als wären sie Käfer und keine Menschen.

Toms Mutter griff Lisas Handgelenke und hielt sie fest. „Warte", sagte sie. „Ich rede noch einmal mit deiner Mutter. Sei ganz ruhig. Wir finden eine Lösung."

Lisa schüttelte sich vor Schluchzen und vergrub ihr Gesicht im Kopfkissen, das so gut nach Tom roch.

Seine Mutter verließ den Raum, kam aber gleich darauf wieder und brachte ein Glas Wasser und eine Tablette. „Damit du dich erst mal beruhigst“, sagte sie.

Lisa trank, zwischen zwei Schluchzern. Sie schluckte, wischte sich die Tränen ab, aber es half nichts, es kamen immer neue nach. Und durch den Tränenschleier sah sie die steile Sorgenfalte auf der Stirn der Ärztin. „Entspann dich und atme tief durch, okay? Ich bin gleich wieder da.“

Lisa atmete und schluchzte, das Zittern hörte auf. Da hob sie langsam ab, schwebte, fühlte sich innen hell und golden und warm. Sie schloss die Augen und Engel trugen sie an einen wunderbaren Ort.

23. Ernste Gespräche

„Ihre Tochter hatte einen erneuten Nervenzusammenbruch." Meine Ma knetete ihre Finger, dann legte sie die Handflächen aneinander und hielt die gefalteten Hände so zwischen Mund und Nase, dass es aussah, als wolle sie sich selbst zum Schweigen zwingen. So beteten die Frommen in der *GFC*. Ich dachte plötzlich auch an Beten.

Aber meine Mutter schwieg nicht. Sie betete auch nicht. Sie sprach nur sehr konzentriert weiter: „Aus ärztlicher Sicht kann ich es nicht verantworten, Ihre Tochter mit Ihnen nach Hause zu schicken. Ich habe ihr ein leichtes Beruhigungsmittel gegeben. Aber das ist keine wirkliche Lösung. Lisa braucht eine genaue Untersuchung und eine ausführliche Behandlung in einer psychiatrischen Klinik. Wenn Sie einwilligen, veranlasse ich alles Weitere. Sie müssen aber zustimmen. Verstehen Sie? Was sie durchgemacht hat, ist so gravierend, das heilt nicht von selbst."

„Wir können doch beten", sagte Lisas Mutter in ihrem harten Deutsch mit russischem Akzent. „Mein Mann wird niemals erlauben, dass Lisa in eine Irrenanstalt geht."

„Aber das ist doch Unsinn! Eine moderne Psychiatrie ist doch keine Irren…!", rief ich, entsetzt über so viel Dummheit.

„Tom", unterbrach mich meine Mutter, „würdest du uns bitte einen Moment lang allein lassen?"

Ich biss mir auf die Zunge und verließ den Raum. Ich schlich mich in mein Zimmer und setzte mich neben Lisa auf die Bettkante. Sie war wach, sah mich und lächelte. Zwar hatte sie vom Weinen geschwollene Augenlider, aber sie lag ganz ruhig und beinahe fröhlich da. „Es ist so wunderschön bei dir“, sagte sie und griff nach meinen Händen. Ich verschränkte meine Finger mit ihren.

„Deine Mutter ist da …“, sagte ich, weil mir nichts anderes einfiel.

„Weiß ich. Macht doch nichts!“ Sie spitzte die Lippen und hob ihr Gesicht zu mir. „Gib mir einen Kuss!“

„Nicht jetzt, Lisa, bitte!“ Ich zog meine Finger aus ihren Händen, weil ich wusste, dass sie unter dem Einfluss eines Medikaments stand. Meine Mutter ging sehr sparsam mit Beruhigungsmitteln um, weil sie süchtig machen, wenn man sie über längere Zeit nimmt. Wenn Ma ihr dennoch eine Tablette verabreicht hatte, musste es Lisa schon sehr schlecht gehen.

„Warum bist du denn so, magst du mich nicht mehr?“

„Doch, klar, doch“, sagte ich. „Ich will dich nur nicht noch mehr aufregen …“ Weiter kam ich nicht, denn in diesem Augenblick stürzte diese schreckliche Frau Wagner wie eine Furie in mein Zimmer.

Sie riss Lisa von mir weg und rief: „Sehen Sie, Frau Doktor! Sehen Sie doch, was ihr feiner Herr Sohn macht, da kann man ja nur noch an den Teufel persönlich glauben! Mein Mann hat ganz recht. Da können sie hundertmal Frau Doktor sein. Was Sie tun, ist nicht von Gott gesegnet.“

„Frau Wagner, ich bitte Sie!“, rief meine Ma.

Und Lisa wand sich aus dem Griff ihrer Mutter, drehte sich zu mir und sagte: „Jetzt will ich den Kuss!“

Zum Glück hat ihre Mutter das in ihrem heiligen Zorn nicht gehört und ich habe Lisa auch nicht geküsst. Ich habe sie gehen lassen. Mit so viel Chaos, Gott und Teufel kam ich nicht klar. Wirklich nicht. Dafür war ich nicht gemacht. Bei aller noch so großen Liebe nicht.

Ich habe Lisa im Stich gelassen. Ich habe sie nicht vor ihren Eltern beschützt. Ich habe Luca nicht erwürgt, mich nicht einmal mit ihm geprügelt. Ich bin nicht zur Villa seiner Eltern gefahren, habe ihn nicht rausgeschellt und zum Duell gefordert. Ich war kein Ritter ohne Furcht und Tadel.

Mit meinen Eltern habe ich lange Gespräche geführt. Aber ihre Argumente haben mich nicht getröstet. *Ich habe Lisa im Stich gelassen.* Dieses Gefühl konnten sie mir bis heute nicht nehmen, denn ich bin der Einzige, der wirklich weiß, wie es in Lisa aussieht. Ich weiß es, weil ich sie geliebt habe und sie noch immer liebe.

Heute ist Samstag, Weihnachten ist jetzt vorüber. Ich habe nichts mehr von Lisa gehört. Oma ist zu Besuch, weil meine Ma ihr einziges Kind ist und Opa nicht mehr lebt. Am zweiten Weihnachtstag sind wir zu Pas Bruder nach Dortmund gefahren und haben meine Cousins und die anderen Großeltern getroffen. Alles wie immer, nur dass ich ganz zerrissen war vor lauter Schuldgefühl und Liebeskummer. Denn Liebe kann man ja leider nicht einfach an- und ausschalten.

Heute Nachmittag war ich bei Paul zu Hause. Wir haben Plätzchen gefuttert und sind dann raus auf die Felder. Es ist seit Tagen klar und kalt, ideal zum Laufen. Frost und sogar Schnee. Als wir zurückkamen, hatten Pauls Eltern Besuch: ein Lehrerehepaar. Jene Renate, die mit Pauls Mutter befreundet ist, und ihr Mann Georg

Sodan, die beide an der Realschule unterrichten, in die Lisa geht. Uns wollten sie nicht so gern dabeihaben, weil sie angeblich wichtige Dinge besprechen mussten. Dabei brannte ich darauf, zu erfahren, ob dieses Lehrerpaar etwas über Lisas Probleme wusste, denn Frau Sodan war ja eine der Frauen aus der *GFC*. Die beiden erschienen mir sehr nett – und zumindest solange wir da waren, hat niemand von Jesus, Gott oder dem Teufel gesprochen.

24. Tom und Lisa – Auswege

Tom

Morgen ist der erste Sonntag nach Weihnachten. Wenn ich in den Gottesdienst in der *GFC* gehen würde, könnte ich Lisa wenigstens kurz wiedersehen. Nur einfach sehen, ob sie noch lebt und wie es ihr geht. Etwas zieht mich und etwas bremst mich. Ein scheußliches Gefühl. Paul fällt als Berater total aus. Er hat gerade angerufen und mir den neuesten Stand in Sachen Lisa Wagner und *GFC* durchgegeben. Sogar er sagt, ich solle bloß die Finger aus dem Spiel lassen, das dort gespielt wird, seit der neue Prediger, dieser Sam, da ist. Und natürlich haben seine Eltern mit dem Lehrerehepaar Sodan über Lisa gesprochen. Paul hat nur die Hälfte mitgekriegt. Aber was er erzählt hat, reicht mir schon …

Meine arme Lisa! Ihre Eltern machen jetzt erst recht die Gefängnistore zu, weil Lisa bei uns war. Sie behaupten ganz im Ernst, ich wäre Schuld an Lisas Krankheit. Und meine Eltern würden mit dem Teufel im Bund stehen. Keine Rede davon, dass Lisa eine Therapie machen darf! Die Sodans finden das ganz schlimm, obwohl sie beide zur *GFC* gehören. Sie haben sich anscheinend schon länger für Lisa eingesetzt, kennen sie ja auch aus der Schule. Paul sagt, seine Eltern hätten den Sodans geraten, das Jugendamt einzuschalten. Aber Sodans fürchten, dass dadurch alles noch schlimmer würde. Ich muss morgen noch einmal in den Gottesdienst. Vielleicht kann ich etwas bewirken! Wenn ich so tue, als würde ich mich zu Jesus bekennen … Wenn ich in die Gemeinde eintrete und alles mitmache … Ich muss wenigstens einen Versuch starten. Ich kann nicht anders. Ich muss es tun. Ich dreh ja sonst selber durch.

Lisa

Ich darf nicht mehr vorsingen. Ich muss bei meinen Eltern sitzen. Der neue Prediger, Sam, erlaubt mir auch nicht, beim Kindergottesdienst mitzumachen. Er hat mir erklärt, ich müsse mich ganz neu zu Jesus bekennen, nachdem ich mit Tom so sehr gesündigt habe. Dafür soll ich in diesem Gottesdienst laut vor der ganzen Gemeinde ein Gebet sprechen: *Vater im Himmel, mir ist klar geworden, dass ich mein Leben selbst bestimmt habe und von dir getrennt bin. Vergib mir meine Schuld. Herr Jesus, bitte übernimm du die Herrschaft in meinem Leben und verändere mich so, wie du mich haben willst.*

Das Blatt mit dem Gebet zittert in meinen Händen. Ich kann den Text längst auswendig. Dennoch fürchte ich mich vor dem Augenblick, in dem ich ihn laut sprechen soll. Ich fühle meine Schuld nicht so, wie ich sie fühlen sollte. Immerhin darf ich von meinem Platz aus sprechen. Das hat Georg Sodan erreicht und mir rasch vor Beginn des Gottesdienstes noch gesagt: „Du musst nicht nach vorn kommen, Lisa. Aber wenn du es schaffen würdest, das Gebet von deinem Platz aus vorzutragen, wäre das wundervoll.“ Und er hat mich freundlich angeschaut. „Wird schon, wir halten zu dir.“

Ich habe mit den Tränen gekämpft und genickt. Georg hat Einfluss auf die Gemeinde. Er gehört zum Rat der Ältesten, die dem Pfarrer durchaus auch etwas sagen dürfen.

Tom

Ich bin ein bisschen zu spät gekommen. Der Gottesdienst hat schon begonnen. Vorn steht ein Mädchen, das ich noch nie gesehen habe. Sie wirft ihre langen, dunkelbraunen Haare zurück, grinst breit und stimmt eins der vielen Lieder an, deren Melodien wie Schlager klingen und Ohrwürmer sind. Sie singt den Text auf Englisch mit amerikanischem Akzent.

Wo ist Lisa? Ich kann sie nirgends entdecken. Die kleine Kirche ist heute so brechend voll, als wäre ein besonderer Feiertag. Vielleicht liegt es an dem Prediger, der mir auch fremd vorkommt. Er trägt ein eher katholisches Gewand, weiß mit Grün und Gold. Weite Ärmel wie Engelsflügel. Seine Stimme tönt salbungsvoll und melodisch, auch er hat einen amerikanischen Akzent. Er sagt, dass die Gemeinde nun ihre Sünden vor Gott bekennen möge. Etwas Ähnliches kenne ich von Pauls katholischen Messen, bei denen ich schon ein paarmal dabei war.

Zuerst legt sich wieder diese große Stille über die vielen Menschen. Dann bekennt der Pfarrer als Erster, dass er vor Gott und den Menschen gesündigt habe, und die Gemeinde spricht ihn in einem gemeinsamen Gebet frei. War das immer schon so? Oder hat der Neue es eingeführt? Keine Ahnung. Die Gemeinde ist dran. Und ich erschrecke, denn nun betet Lisa. Ein bisschen monoton bekennt sie ihre Schuld, die darin besteht, dass sie ihr eigenes Leben führen und sich nicht unter Gottes Gebote unterordnen wollte. Dann bittet sie Jesus, die Herrschaft in ihrem Leben zu übernehmen. Lisa, schreie ich innerlich, das darfst du nicht so sehen! Du hast ein Recht auf dein eigenes Leben! Ein Recht auf unsere Liebe!

Es schließt sich ein allgemeines Gebetsgemurmel an. Niemand sonst bekennt wie Lisa seine Schuld. Mich zerreißt es beinahe vor Zorn. Niemals kann ich hier wirklich mitmachen. Aber ich muss durchhalten, damit ich am Ende des Gottesdienstes Lisa wenigstens kurz sprechen kann.

Sie singen schon eine Art Vaterunser. Aber nicht in den fröhlich hüpfenden Rhythmen, die ich von Pauls Jugendmessen her kenne. Auch der Text ist verändert: *„Gib uns, was wir brauchen, unser täglich Brot, und vergib den Aufstand gegen dein Gebot."*

Ich halte es nicht mehr aus. Ich muss hier weg. Aber ich bleibe. Spüre, wie Lisa mich innerlich festhält.

Lisa

Tom ist da. Ich habe ihn gespürt, und als ich mich vorsichtig umgedreht habe, habe ich ihn gesehen. Er sitzt da, den Kopf gesenkt, die Hände zwischen den Knien. Er betet. Er hat die Hände gefaltet. Bitte, lieber Gott, bitte mach, dass er sich gleich zu Jesus bekennt, wenn Sam die Gemeinde dazu auffordert. Ich werde es tun, auch wenn Georg und Renate sagen, ich müsse es nicht. Ich werde mich freiwillig noch einmal zu Jesus bekennen. Und du, lieber Gott, mach bitte, bitte, bitte, dass auch Tom sich bekennt. Du hast die Macht dazu, bitte, lieber, guter Gott, tu es!

Tom

Ich hab durchgehalten. Die gefühlstriefende Predigt ist vorbei. Die Gesänge, die Gebete. Und jetzt hebt der Prediger die Arme, breitet sie aus wie der geschnitzte Engel in Pauls Kapelle und ruft: „Ist heute jemand unter euch, der sich hier und jetzt zu Jesus bekennen will? Der trete vor."

Eine tiefe, atemlose Stille breitet sich aus. Diese Stille, aus der sich Stimmen zum Gebet erheben. Das kenn ich schon vom letzten Gottesdienst in der *GFC*. Diesmal ist es noch heftiger. Sogar ich fühle mich magisch gezogen, etwas zu sagen. Da steht Lisa auf und geht nach vorn. Bitte nicht, lieber Gott, denke, bete ich. Aber Lisa spricht leise, dass sie sich nun noch einmal neu für Jesus entschieden habe und bekennen möchte.

Der Prediger legt ihr die Hände auf, Lisa kniet vor ihm nieder. Sie schluchzt. Alle in der Gemeinde hören es. „Jesus nimmt dich wieder bei sich auf", sagt der Mann und entlässt Lisa wieder.

Er schaut in die Gemeinde. „Ich frage noch einmal: Ist heute jemand unter euch, der sich hier und jetzt zu Jesus bekennen will?"

Er meint mich. Es kribbelt bis in die Zehen. Ich bleibe sitzen. Nein. Alles, bloß das nicht! Das ist reiner Psychoterror!

„Gott fragt dreimal und so frage ich euch: Ist heute jemand unter euch, der sich hier …"

Ich stehe auf. Ich verlasse die Stuhlreihe. Ich laufe, ich laufe weg. Die Glastür schwingt hinter mir zu. Draußen atme ich tief ein. Es schneit. Es schneit wundervolle weiße Flocken. Bis heute Abend wird eine Decke aus Schnee die hartgefrorenen Felder zudecken, und Paul und ich werden miteinander durchs verschneite Land joggen und reden.

Ich habe Lisa verlassen, ich habe sie nicht gerettet. Aber von Paul weiß ich, dass sich die Familie ihres Englischlehrers um sie kümmert. Renate Sodan hat es Pauls Mutter erzählt und auch, dass sie und ein Teil der Gemeindemitglieder die *GFC* verlassen haben und zu einer anderen Gemeinschaft übergewechselt sind. Zu einer freieren Freikirche. Und Pauls Eltern haben gesagt, dass es schließlich Gesetze zum Schutz von Minderjährigen gebe und dass Lisas Eltern massiv dagegen verstoßen hätten und dass Lisa unbedingt für einige Zeit aus der Familie herausgeholt werden müsse, damit sie gesund werden könne.

Paul sagt, soweit er mitbekommen hätte, würde Lisa zu einer anderen freikirchlichen Familie nach Süddeutschland geschickt werden. Renate hat dort wohl eine Freundin, die bereits Kontakt zu einer ambulanten therapeutischen Praxis aufgenommen hat. Ob das alles stimmt? Ich weiß es nicht. Aber Lisa wartet nicht mehr an „unserer" Bushaltestelle. Sie ist tatsächlich weg.

Silvester und Neujahr sind vorüber. Ich wollte diesmal nicht feiern, aber meine Freunde kamen einfach. Cindy war auch dabei. Sie hat sich ein bisschen in Paul verliebt. Mir scheint, auch er hat Feuer gefangen. Vielleicht wird ja diesmal was Längeres daraus?

An Lisa denke ich oft. Ich sehe ihr schmales Gesicht mit den großen dunkelblauen Nixenaugen vor mir und manchmal kann ich sie spüren, als hielte ich sie in den Armen. Paul glaubt, dass es so etwas wie Gedankenübertragung gibt, wenn zwei Menschen sich nahe sind. Es kann gar nicht zu Ende sein zwischen Lisa und mir. Ich muss jetzt nur Geduld haben.

Und dann: Eine E-Mail von Lisa! Ich fasse es nicht! Sie schreibt mir tatsächlich!

Lieber Tom,

ich bin jetzt seit zwei Wochen bei Anna und Johann in Meersburg. Ich wohne in ihrem schönen Haus hoch überm See und nahe bei den Weinbergen. Hier gibt es tatsächlich richtige Weingärten. Das habe ich gar nicht gewusst. Meine Gasteltern sind sehr liebe Menschen. Sie haben zwei Katzen, ihre Kinder sind schon erwachsen und leben nicht mehr hier. Darum kann ich in einem der Kinderzimmer wohnen und hier zur Schule gehen.

Anna fährt mich zweimal in der Woche in die Praxis von Frau Dr. Sänger, die lange mit mir über alles redet, was seit dem Sommer geschehen ist. Und auch über das, was noch weiter zurückliegt. Es kommt mir immer noch wie ein Traum vor, dass meine Eltern das hier zugelassen haben. Der liebe Gott hat ein Wunder gewirkt!!!

Es geht mir gut. Viel besser jedenfalls. Denkst Du noch manchmal an mich? Ich glaube, auch Dich hat Gott mir geschickt. Wenn ich daran denke, muss ich weinen. Glücklich und traurig zugleich. Ich denke oft an Dich und bete, dass wir uns wiedersehen werden.

HDSL, Lisa

Die Buchstaben tanzen vor meinen Augen. Es geht ihr gut! Sie liebt mich noch! Sie ist raus aus ihrer engen, schrecklichen Familie. Sie ist jetzt am Bodensee! Ich kenne Meersburg und Hagnau und die Weinberge. Ein

Freund meines Vaters hat dort ein Segelboot liegen. Der See ist herrlich im Sommer! Wenn nur schon Sommerferien wären!

Und dann fällt mir ein, dass ja im Februar ein längeres Wochenende vor uns liegt. Und ich spüre ein leichtes, glückliches Gefühl in mir aufsteigen.

Klar werde ich dir antworten, Lisa, und wart's nur ab, ich besuche dich, wenn Karneval ist und wir zwei Tage schulfrei haben! Egal, was du glaubst und was ich glaube oder auch nicht, wichtig ist nur, dass wir uns wiedersehen! Und vielleicht, wer weiß, vielleicht erleben wir zusammen am Bodensee einen himmlischen Sommer voller Sonne, Wind, Wolken, Sterne und warmem, seidigem Bodenseewasser, das nach Tang und Fisch duftet!